KB098189

**스토리 시장경제 ❻**

복지의 재발견

스토리 시장경제 ❻
복지의 재발견

**초판 1쇄 인쇄** | 2014년 11월 19일
**초판 1쇄 발행** | 2014년 11월 26일

**지 은 이** | 최승노
**발 행 인** | 김영희

**기획·마케팅** | 신현숙, 권두리
**정리·구성** | 강이든
**디자인·편집** | 이보림

**발 행 처** | (주)에프케이아이미디어(프리이코노미스쿨)
**등록번호** | 13-860
**주　　소** | 150-881 서울특별시 영등포구 여의대로 24 FKI타워 44층
**전　　화** | (출판콘텐츠팀) 02-3771-0434 / (영업팀) 02-3771-0245
**팩　　스** | 02-3771-0138
**홈페이지** | www.fkimedia.co.kr
**E - mail** | drkwon@fkimedia.co.kr
**I S B N** | 978-89-6374-088-1　03320
**정　　가** | 10,000원

낙장 및 파본 도서는 바꿔 드립니다.
이 책 내용의 전부 또는 일부를 재사용하려면 반드시 FKI미디어의 동의를 받아야 합니다.

이 도서의 국립중앙도서관 출판예정도서목록(CIP)은 서지정보유통지원시스템 홈페이지(http://seoji.nl.go.kr)와
국가자료공동목록시스템(http://www.nl.go.kr/kolisnet)에서 이용하실 수 있습니다.(CIP제어번호: CIP2014033099)

# 복지의
# 재발견

자유의 원리가 만드는 함께 잘사는 사회

최
승
노 지음

프리이코노미스쿨

일 러 두 기

● 이 책에서 각종 인용 자료는 다음과 같이 표기하였다.
  단행본 『 』, 연구보고서 및 논문 「 」, 일간지 및 잡지 《 》, 음반·영화·방송프로그램 〈 〉, 신문기사 외 기타 인용문 " "

● 본문 중 인명, 기업명, 단체명 등 고유명사는 맨 처음 나올 때만 오른쪽 위첨자로 원문을 병기했다.

● 해외 원서는 국내에 번역출간된 경우 번역출간된 도서의 제목을 쓰고 괄호 안에 원문을 병기했고, 번역도서가 없는 경우 직역하고 원문을 병기했다.

누구는 부자고 누구는 가난하다. 자본주의가 발전하면서 절대적으로 빈곤한 사람들의 수는 줄어들었지만 소득의 상대적 격차는 커졌다. 이런 소득 격차는 자연스러운 현상이다. 하지만 절대 빈곤의 문제를 해결한 민주주의 국가들은 쉽게 '복지병'이라는 함정에 빠진다.

한 사회에서 누구나 다 평등한 부를 누릴 수 있어야 한다고 주장하는 학생들에게 어느 대학 교수가 이런 제안을 하였다. 수강생 전원이 수업 평가를 평균 점수로 똑같이 받으면 어떻겠냐고.

학생들은 모두 교수의 제안에 동의하였고 그 학기 수업이 진행되었다. 얼마 후 첫 번째 시험을 보았는데, 전체 평균이 B학점이었다. 학생들은 모두 첫 시험 점수로 B를 받았다. 공부를 열심히 했던 학생들은 불만을 토로했고 놀기만 했던 학생들은 좋아했다. 그리고 얼마 후 두 번째 시험을 쳤다. 공부를 안 하던 학생들은 계속 하지 않았고 전에는 열심히 하던 학생들도 이제는 무임승차를 할 생각으로 시험공부를 하지 않았다. 결국 전체 평균이 D학점이 나왔고 모든 학생들은 이 점수를 받았다.

이번에는 모든 학생들이 학점에 대해 불평했지만 그래도 공부를 열심히 하려는 학생은 없었다. 그 결과 다음 세 번째 시험은 모두 F를 받았으며 그 후 학기 말까지 모든 시험에서 F학점을 받게 되었다. 학생들은 서로를 비난하고 욕하기까지 했지만 아무도 공부를 하려고 하지는 않았다. 결국 모든 학생들이 학기 말 성적표에 F를 받았다.

이는 복지정책의 허구성을 꼬집기 위해 미국에서 만들어진 이야기이다. 모두가 평등하게 나누려는 시도는 실패할 수밖에 없음을 잘 나타내고 있다. 자기가 노력해 얻은 것을 대가 없이 남에게 나눠주겠다는데 누가 열심히 일하려 하겠는가.

자신의 인생을 책임 있는 자세로 이끌어 가는 삶이 올바른 삶이며, 그러한 구성원들로 이루어진 사회는 건강하다. 반면 남에게 의존하는 삶은 지속 불가능하며, 사회는 불평으로 가득하게 된다. 특히 남 탓만 하면서 자신의 잘못을 남에게 전가하려는 태도는 자신의 삶을 불행하게 만들 뿐만 아니라 사회를 침체에 빠지게 한다.

《월간조선》 배진영 기자가 펴낸 『책으로 세상읽기』에는 역사에서 배울 수 있는 재미있는 이야기가 많다. 『무엇이 잘못되었나』의 저자인 버나드 루이스Bernard Lewis는 중세 1천 년간 유럽 세계보다 앞서 있던 중동 이슬람 세계가 유럽에 뒤처지게 된 이유를 '남에게 책임을 돌리는 자세' 때문이라고 말한다. 중동의 이슬람교도들은 자신들의 낙후 원인을 외부에서 찾았다. 아랍인들은 오스만 튀르크의 지배가 자신들의 발전을 가로막았다고 주장했고, 터키인들은 아랍인들의 후진성이 자신들의 발목을 잡았다고 주장했다. 심지어 몽골의 지배를 탓했으며, 19세기 구미 열강들과 유대인들을 이슬람 쇠퇴의 원인으로 삼았다. 하지만 그런 것들은 원인이 아니라 결과일 뿐이다.

사실 이슬람 내부의 모순이 문명의 몰락을 불렀다. 착취를 일삼는 제도, 과학기술을 무시하는 태도 등 무수한 이유가 있겠지만, 근본적인 이유는 자유의 부재였다. 종교적 원리주의와 근본주의 문화가 종교 분야를 포함해 사회 전반의 자유를 제약하였다.

수레의 사용을 중단한 것이 쇠퇴의 주요 원인이라는 지적도 흥미롭다. 인류 최초로 바퀴가 발명됐던 중동 지역에서 수레 사용이 중단된 이유는 무엇일까. 중동에서 수레를 가진 자는 부자에 속했나. 수레 소유주들은 나라에 전쟁이나 공사가 있을 때면 수레를 징발당하곤 했다. 보상도 제대로 이루어지지 않았다. 수레라는 큰 재산을 가진 부자들에 대한 시선도 곱지 않았다. 결국 사람들은 점차 수레를 보유하기를 꺼리게 됐고, 곧 수레의 사용이 쇠퇴하게 되었다. 이는 인간과 물자 교류의 쇠퇴로 이어지고 다시 경제력의 쇠퇴로 이어졌다. 사람들은 사유재산을 함부로 강탈해 가는 권력을 두려워하게 되었고, 자기 책임과 자유의 원리가 작동할 수 없는 사회를 만들어버렸다.

가진 자에 대한 시기심이 만연한 사회는 그런 질투심을 법과 세금으로 만들면서 시들어 간다. 세금 폭탄을 퍼붓고 그들의 주머니를 터는 것을 정의라고 착각하면서 남의 것을 쉽게 빼앗는 현상이 일어난다. 이런 마녀사냥은 단순히 가진 자의 자유를 억압하는 데 머물지 않고 사회 전반의 자유를 억압하게 된다. 남 탓하는 문화에 익숙해진 사람들은 점차 모든 문제에 대해 불평을 일삼고 희생양을 찾는다. 결국 사람들은 입을 다물게 되고 자유는 사라진다.

이 책은 스토리 시장경제 시리즈의 여섯 번째 책이다. 이 책에서는 세금과 복지의 함정에 대해 이야기하고자 하였다. 세금 증가와 복지 천국의 길은 결국 개인의 자유를 움츠러들게 하고 의존하는 삶을 강요해 불만과 어둠의 세상을 만든다. 우리 사회가 그런 함정에 빠지지 않기를 간절히 바라는 마음이다.

# 차례

•
•
•

# 세금,
# 그 논란의 진실

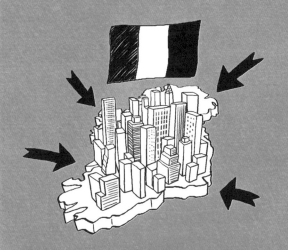

정부의 과세행위는 절도행위만큼이나 국민들의 권리를 침해한다.

- 한스 헤르만 호페, 『민주주의는 실패한 신인가』 -

# 역사를 바꾸는
# 세금

## 당신 집의 창문은 몇 개입니까?

　'창문세Window tax'라는 말을 들어본 적이 있는가? 창문
세는 한 주택에 존재하는 창문의 개수에 따라 세금을 부과
하는 것을 일컫는다. 이 황당한 세금은 1696년 영국의 윌
리엄 3세William Ⅲ 때 만들어졌다. 당시 윌리엄 3세는 아일랜
드 구교도의 반란을 저지하기 위한 막대한 비용이 필요했
고, 이 경비를 충당하기 위해 새로운 세금을 만들었는데 그
가운데 하나가 바로 창문세였다. 창문세 이전에는 화로세
라는 것이 있었다. 짐작하는 대로 화로세는 주택 내에 설
치된 벽난로의 수만큼 세금을 부과하는 것이다. 하지만 사
생활 침해 문제가 제기되면서 폐지됐다. 그도 그럴 것이 벽

난로 개수를 세려면 조사관이 온 집안을 들여다봐야만 하지 않겠는가? 은밀한 사적 공간을 조사관에게 모조리 까발려 보이기는 쉽지 않았을 것이다. 국민 대다수가 격렬하게 화로세에 반발했고, 결국 화로세는 폐지되었다. 그 대신 등장한 것이 바로 창문세이다. 창문은 집 밖에서도 얼마든지 셀 수 있기 때문이다.

창문세를 처음 시행했을 무렵만 해도 윌리엄 3세는 득의양양했다. 이제 사람들이 빼도 박도 못하고 고스란히 세금을 내리라 생각했던 것이다. 하지만 윌리엄 3세의 자신감은 오만한 착각이었다. 창문세에 부담을 느낀 사람들이 차례차례 창문을 막아버리기 시작했던 것이다. 이는 밝고 따스한 햇볕을 스스로 포기할 만큼 사람들이 가진 세금에 대한 부담감과 저항감이 컸다는 뜻이다. 창문세가 신설된 이후 영국의 건축물은 있던 창문은 다 막혀버리고 새로 짓는 건물은 창문 없이 지어지면서 아주 기이한 형태를 띠게 되었다.

창문세는 엄밀히 말해 일종의 '부유세'로 볼 수 있다. 돈이 많고 부유할수록 집이 크고 창문이 많을 확률이 높기 때문이다. 하지만 실상은 부의 많고 적음에 상관없이 닥치는 대로 세금을 뜯으려는 꼼수에 지나지 않았다. 벽에 난 구멍은 모두 창문으로 간주하여 높은 세금을 부과했기 때문에 사람들이 느끼는 세금 부담감은 상당했다. 이러한 기형적인 세금정책은 끝내 '창문 틀어막기'라는 엉뚱한 결과를 낳으며 사람들에게 햇볕과 바람이 잘 드는 쾌적한 주거 환경을 빼앗아버렸다.

17세기 네덜란드에서도 영국의 창문세와 비슷한 세금제도가 있었다. 건물의 너비에 따라 세금을 부과하는 방식이었다. 이 또한 영국과 마찬가지로 사람들에게 무거운 세금 부담으로 돌아왔고, 결국 네덜란드 사람들은 세금을 피하고자 건물 형태를 바꾸기 시작했다. 하나같이 건물을 높고 기다랗게 짓기 시작한 것이다.

18세기 프랑스 국민들 역시 과도한 세금으로 몸살을 앓았다. 프랑스의 루이 16세Louis XVI는 정부의 재정 파탄을 해결하기 위해 창문세 등 과중한 세금을 부과했다. 루이 16세의 창문세는 창문의 개수가 아닌 창문의 폭에 따라 책정되었다. 이러한 무지막지한 세금제도는 시민계급의 반발을 가져왔고, 결국 1789년의 프랑스혁명으로 이어졌다. 이처럼 비상식적인 세금의 과도한 부과는 민생을 힘들게 할

뿐만 아니라 국가 정권의 분열 및 해체라는 극단적인 사태까지 야기할 수 있다. 국가 운영의 경비로 사용되는 세금이 민생과 정권의 불안정을 초래한다니 아이러니한 일이 아닐 수 없다.


## 합리적 조세 기준과 원칙의 필요성

세금은 국가와 같은 공공의 공동체가 그 구성원에게 강제로 거둬들이는 일종의 경비이다. 따라서 세금의 책정과 징수에는 공동체 구성원이 동의할 수 있는 명확하고 합리적인 기준과 원칙이 필요하다. 그러나 간혹 상식과 논리로는 도저히 이해할 수 없는 기형적인 세금이 등장하고는 한다. 앞서 살폈던 영국의 '창문세'가 그 대표적인 사례다.

공식적으로 밝혀진 세금의 역사는 기원전 4천 년으로 거슬러 올라간다. 까마득한 옛날, 메소포타미아에서 출토된 점토판에서 세금에 대한 기록이 발견된 것이다. 그 뒤로 문명이 발달할수록 세금에 대한 기록은 점점 많이 등장한다. 이는 세금의 보편화를 의미한다. 이처럼 세금의 역사가 깊은 것은 국가라는 공동체를 운영하는 경비로서 세금이 꼭 필요하다는 방증이기도 하다. 사실상 세금과 국정 운영은 떼려야 뗄 수 없는 관계다. 따라서 탄탄한 재정은 성공적인 국정 운영의 필수 조건이며, 탄탄한 재정을 가능하게 하는 재원으로서 세금은 절대적으로 필요한 요소이다.

그러나 명확하고 합리적인 기준과 원칙 없이 마구잡이로 제정된 세금제도는 구성원들이 인정할 수도 없거니와 사회적으로 큰 혼란을 초래하기 십상이다. 실제로 기원전 200년 경에도 세금 때문에 반란이 일어났다. 당시 이집트는 그리스인의 지배를 받고 있었다. 그리스인은 이집트에 과도한 세금을 부과했고, 이에 반발한 이집트 군대가 반란을 일으켰다. 반란에 놀란 그리스 왕은 세금을 면제해 주기로 약속하고서야 군대를 진정시킬 수 있었다.[1]

로마의 흥망성쇠에도 세금은 빠지지 않는다. 로마 초기만 해도 각 지역을 담당하는 총독들과 세금징수업자들은 제멋대로 세금을 과도하게 걷어 국민들을 극심한 고통에 시달리게 했다. 이를 바로잡은 사람이 로마의 초대 황제 아우구스투스Augustus였다. 아우구스투스 황제는 전쟁세와 인두세를 도입해 국민의 세금 부담을 줄여 주었다. 전쟁세는 재산의 1%를, 인두세는 성년 남자에게 세금을 부과했다. 이를 위해 전국적인 호구조사와 재산평가를 실시했고, 공평한 과세가 이루어지도록 하였다. 바로 관리들의 임의적인 세금부과를 원천적으로 봉쇄하고 명확한 세금 부과의 기준을 마련하여 백성들의 안정적인 생활을 가능하게 한 것이다. 이후 로마가 눈부신 발전을 이룬 것은 두말할 필요도 없다.

그러나 네로Nero Claudius Caesar Augustus Germanicus 황제가 집권하면서 로마는 위기를 겪게 된다. 네로 황제는 '폭군'이라는 별칭답게 방탕한 생활로 국고를 파탄 냈으며, 이를 세금으로 채우고자 했다. 도시에서 팔리는 모든 음식물에 세금을 부과했을 뿐 아니라, 일용 노동자들에게도 과도한 세금을 징수했다. 당시 로마 사람들은 하루하루가 곧 세금과의 사투였다.

로마가 망국의 길에 들어서게 된 배경에는 세금 문제가 한몫을 했다. 당시 디오클레티아누스Gaius Aurelius Valerius Diocletianus 황제는 강력한 군대를 유지하기 위해 처음으로 예산제도를 도입했다. 허나 지나치게 과도한 세금 부과와 엄격한 처벌이 문제였다. 세금 연체는 결코 허용되지 않았고, 만에 하나라도 연체를 할 경우에는 아이를 팔아서라도 세금을 납부해야만 했다. 이 때문에 도망치는 사람들이 부지기수였으며 자신의 땅을 팔아 스스로 소작농이 되는 사람이 허다했다. 어떤 이들은 뇌물을 주고 세금을 경감 받기도 했다. 세무 행정이 혼탁해진 것이다. 또한 매년 예산안에 따라 들쭉날쭉 변하는 세율도 민생을 병들게 하는 원인이었다. 로마제국에 대한 국민들의 반감이 커지는 것은 당연한 일이었다.

모름지기 공동체 구성원의 반발이 커지면 그 공동체는 끝내 해체될 수밖에 없다. 로마제국의 멸망이 바로 그 방증이다.[2]

동서양을 막론하고 세금정책은 역사의 이정표가 되는 여러 사건들의 이면에 언제나 존재해 왔다.[3] 나라가 부강할 때는 좋은 조세정책이, 반대로 나라가 쇠퇴할 때는 무리한 조세정책이 존재하는 경우가 많았다. 세금은 우리의 삶에 직접적인 영향을 미치는 제도인 만큼 어떤 세금정책을 어떻게 집행하느냐는 민생 안정뿐만 아니라 국가의 존폐를 결정할 정도로 중요한 문제다.

좋은 세금과 나쁜 세금에 대한 판단은 정부가 아니라

세금을 내는 사회 구성원들의 몫이므로 세금정책의 도입 및 집행은 그 무엇보다 신중하게 이루어져야 한다. 특정 계층에게 불합리하고 무거운 세금 부담을 전가할 경우 사회 불만은 확대될 수밖에 없다. 이를 합리적으로 해결하지 못할 경우 사회적 불안 요인이 된다.

# 징벌적 세금,
# 도망가는 사람들

살찌려면 세금 더 내세요

세금은 인류 문명과 함께 시작되고 진화해왔다고 해도 과언이 아니다. 문명이 발달할수록 세금은 보편화되고 복잡해졌으며 다양해졌다. 특히 오늘날 국가는 재정 대부분을 세금으로 충당한다. 국민이 내는 세금이 국가재정 대부분을 충당할 수 있는 이유는 그 세금이 국민을 위해 쓰이기 때문일 것이다. 그런데 간혹 국민을 위해 쓰이는 세금이 징벌적 수단으로 사용되기도 한다.

프랑스의 경제학자 토마 피케티Thomas Piketty는 2013년에 쓴 『21세기 자본』에서 '자본성장률이 경제성장률을 앞질러 소득 불균형이 발생하므로 자본에 징벌적 세금을 매

기자'고 주장했다.[4] 이러한 피케티의 주장은 미국과 유럽은 물론 한국에서도 격렬한 논쟁을 불러왔다. 피케티의 주장을 간단히 요약하자면, 부자에게 세금을 부과하여 소득 재분배를 실현하자는 것이다. 즉 '부유세'를 뜻한다.

사실 피케티 이전에도 부유세에 대한 주장은 꾸준히 있어 왔나. 그러나 부유세를 추진한 결과는 득보다 실이 큰 사례가 많았다. 우리는 앞서 역사적 사실을 통해 부유세와 같이 특정 목적을 위해 세금을 부과하면 세금이 징벌적 수단으로 전락할 수 있다는 것을 알았다. 징벌적 세금의 대상은 부자에만 한정되지 않는다. 심지어 비만마저도 세금의 대상이 되기도 했다. 과연 비만에 세금을 부과하는 것이 가능할까.

실제로 덴마크 정부는 2011년, 세계 최초로 비만세Fat tax를 도입했다. 비만세를 도입할 당시 덴마크 인구의 13%가 비만이었고 47%는 과체중이었다. 덴마크 정부는 비만이 생산성 저하와 건강보험 재정에 타격을 줄 수 있다고 판단해, 포화지방이 함유된 식품에 지방 1kg당 약 3,400원의 세금을 부과했다. 도입 직전만 해도 비만세는 국민의 건강을 챙기면서 부수입으로 세금을 확보할 수 있다는 점에

서 긍정적 평가를 받았다. 하지만 결과는 참혹했다. 비만세가 부과된 고기, 버터, 우유 등의 서민 물가가 급등했다. 견디다 못한 덴마크 국민들은 식품을 사재기하기 위해 인접 국가인 독일로 향했다. 내수시장이 죽어버리니 관련 업체들은 도산했고, 고용 감소라는 심각한 사회문제마저 야기했다. 결국, 덴마크의 비만세는 철저히 실패하며 1년 만에 폐지됐다.

밀턴 프리드먼Milton Friedman은 자신의 저서 『선택할 자유』에서 '복지정책의 목적은 모두 고귀한 것이었지만 결과는 실망스럽다'고 밝혔다.

실제로 덴마크 정부는 비만세를 추진하면서 국민의 건강 향상과 의료재정 안정화라는 선의의 목적을 이유로 내세웠다. 하지만 비만세는 인플레이션 유발, 행정비용 증대, 관련 산업의 경쟁력 약화, 비효율적 조세의 증가 등의 결과만을 초래했을 뿐이다. 애초에 기대했던 긍정적 기능은 제 역할을 발휘하지 못했다. 즉, 비만세는 순기능보다 더 큰 역기능으로 작용하였다.

현재 대부분의 국가는 폐쇄적인 경제구조가 아닌 개방된 경제구조로 되어 있다. 즉 상품시장에 더는 국경이 존재하지 않는다는 뜻이다. 특정 국가에서 높은 세금으로 물품 가격이 비정상적으로 높을 경우, 국민들은 동일 물품을 가격이 상대적으로 저렴한 다른 국가에서 구매하면 그만이다. 덴마크처럼 작은 나라는 구매지 이동을 통한 소비 변화가 더욱 심하게 나타났고, 내수시장 침체라는 최악의 결과를 낳았다. 그래서 덴마크 정부는 비만세의 실패를 바로 인정하고 신속히 폐지할 수밖에 없었다.[5]

## 국부를 유출시키는 부유세

부유세 도입이 논의되는 국가들은 심각한 재정 위기에 처한 경우가 많다. 특히 정치인들은 자신이 저지른 실수를 손쉽게 만회하는 방법으로 가진 자들의 주머니를 노리곤 한다. 바로 전형적인 포퓰리즘Populism의 행태라고 볼 수 있다.[6]

그러나 포퓰리즘으로서 부유세와 같은 징벌적 세금은 사회에 좋은 영향을 미치기보다 나쁜 영향을 끼치는 경우가 더 많다. 대표적으로 자국의 건실한 기업이나 인재를 다른 나라에 빼앗길 수 있다. 실제로 이와 같은 이유로 스웨덴은 2005년 상속세를, 2006년에는 부유세를 폐지했다. 1997년 네덜란드와 독일에서는 부유세는 위헌이라는 판결을 받고 폐지됐다. 러시아와 동유럽 국가처럼 아직 사회주의 전통이 남아 있는 국가들도 누진 세제 대신 단일 세제를 통해 부자들에게 더 많은 혜택을 주는 형태로 정책을 변경하고 있다.

최근에도 부유세로 한바탕 곤혹을 겪은 나라가 있다. 바로 프랑스이다. 2012년 프랑스 정권을 잡은 올랑드 정부는 대선 공약으로 내세웠던 부유세를 대대적으로 시행하면서 난데없는 '세금 망명'으로 사회적 혼란을 겪어야 했다. 터무니없는 부유세 부과에 반발한 부유층이 프랑스를 버리고 타국으로 이민을 가 버린 것이다.

세계적인 명품 브랜드 루이뷔통Louis Vuitton의 아르노Bernard Arnault 회장은 프랑스보다 세금이 적은 벨기에로 이민을 떠났고, 프랑스의 국민배우인 제라르 드빠르디유Gerard Depardieu는 러시아로 망명했다. 부유세 부과가 어마어마한 국부國富 손실이라는 부메랑으로 돌아온 셈이었다.

이처럼 과도한 징벌적 세금은 어떠한 명분을 내세우더

라도 실질적인 효과를 얻기가 힘들다. 아니, 오히려 치명적인 손실을 입는 경우가 대다수이다.[7] 올랑드 정부의 부유세 방안은 결국 프랑스 헌법재판소에서 위헌 판결을 받으면서 애초 계획보다 대폭 축소된 부유세 법안을 신설해야 했다.

부유세 논란은 우리나라도 예외가 아니다. 2005년 신설된 '종합부동산세'가 부유세 논란을 불러일으키며 징벌적 세금이라는 비판을 받았다. 그 이유는 우리나라가 높은 보유세와 실효세율을 유지하고 있는 상황임에도 불구하고 종합부동산세를 추가적으로 시행했기 때문이다. 이는 특정 계층을 향한 분노로 만들어진 징벌적 세금이라고 볼 수밖에 없다. 전 국민 가운데 종합부동산세를 내야 하는 사람은 고작 2%에 불과하다. 그런데 이 2%의 사람은 이전에도 세금을 가장 많이 내던 사람들이었다. 이들은 재산세를 내고도 종합부동산세를 또 내야 하므로 사실상 이중과세나 마찬가지이다. 따라서 종합부동산세가 사유재산권을 침해한다는 주장이 제기됐고 사회적 논란이 일었다. 특히 부동산 가격을 안정시키기 위해 등장한 종합부동산세로 인해 임대료가 상승하게 되는 등 세입자들이 피해를 보는 현상이 발생하면서 징벌적 세금의 위험성에 경종을 울렸다. 세금만으로 부동산 가격을 안정시키려는 시도는 부동산 시장을 왜곡시키고 오히려 소비자에게 피해를 준다는 뼈아픈 교훈을 남긴 것이다.

이처럼 지나친 징벌적 세금을 부과하는 것은 당초 의도한 목적을 달성하기 힘들거니와 도리어 역효과를 가져오는 경우가 많다. 대다수 나라가 징벌적 세금을 지양하거나 폐지하는 이유도 여기에 있다. 따라서 세금은 합리적인 기준으로 정의된 범주 안에서 다수를 대상으로 보편성을 갖추어 집행돼야만 한다.

# 세금,
# 기본을 지켜라

## 세금 부과만이 해답은 아니다

18세기 영국에서 화로세와 창문세 등 기괴한 세금을 고안해낸 주체는 당시 영국의 정권을 잡은 피트 내각이었다. 피트 내각은 화로세와 창문세 말고도 온갖 다양한 세금을 만들었다. 머리염색약세, 벽지세, 장갑세, 향수세, 모자세 등 대부분 부자를 겨냥한 세금이었다.

특히 1784년부터 1811년까지 시행되었던 모자세는 모자의 가격별로 세금을 부과하는 방식으로 부자에게 세금을 걷으려고 만든 일종의 부유세였다. 당시 영국에서는 모자가 트렌디한 패션 아이템이다 보니 부자일수록 다양한 종류의 모자로 멋을 내는 경우가 많았다.[8] 피트 내각은 어떻게든 부자들에게 세금을 더 걷을 요량으로 모자마저 세금 부과의 대상으로 삼은 것이다. 즉 세금을 위한 세금을 만든 셈이었다. 이처럼 세금에 맞게 정책을 운용하는 것이 아니라, 자신들에게 필요한 금액을 맞추기 위해 세금을 늘리는 것은 결코 올바른 세금정책이 아니다.

최근 들어 일본의 아베노믹스가 언론에 자주 오르내리고 있다. 아베 정부는 경제 침체를 해결하기 위해 막대한 재정지출을 감행했고, 이 때문에 정부 부채 문제가 심각해졌다. 이를 타개하고자 아베 정부는 고육지책으로 2014년과 2015년 소비세 인상을 결정했다. 정부가 부채를 해결하기 위해 주 수입원인 세금을 인상하는 것은 하나의 방법이기도 하다. 그런 면에서 일본 정부의 소비세 인상은 합리적인 판단일 수도 있다. 하지만 이러한 일본 정부의 정책에 대해 일본 안팎으로 우려의 목소리가 높다.

영국의 《파이낸셜타임스》는 일본 정부가 소비세를 인상할 경우 경제성장률이 1%대로 떨어질 것으로 예상했다. 국제신용평가사 스탠더드앤드푸어스S&P 역시 일본이 소비세를 인상할 경우, 현재의 성장 기조가 훼손될 가능성이 있다고 경고했다. 블룸버그통신의 한 칼럼니스트는 '디플레이션 탈출도 아직 확실치 않은 일본이 소비세 대폭 인상에 대처할 수 있다는 근거는 거의 없다'고 말하며 일본의 소비세 인상은 '나쁜 정책'이라고 비판했다.

일본 자국 내에서도 소비세 인상이 일본 경기를 다시 침체로 몰고 갈 수 있다고 경고했다. 이미 일본은 과거 소비세 인상으로 경제 침체에 빠진 경험이 있다. 1997년 하시모토 류타로橋本龍太郎 정권이 소비세를 3%에서 5%로 인상하자, 1분기에 0.7%이던 국내총생산GDP성장률이 2분기에는 -0.9%로 추락하며 일본경제가 급속도로 냉각됐다. 이후 하시모토 총리는 선거에서 참패하며 물러나야 했으며, 소비세 인상은 일본 불황의 장기화를 야기했다는 참담한 평가를 받았다.

그럼에도 불구하고 일본이 1997년보다 더 높은 인상률로 또다시 소비세 인상을 추진하는 것이다. 이미 2014년 4월에 5%에서 8%로 소비세를 인상했으며, 2015년에는 8%에서 10%로 인상이 예정돼 있다. 세계 각지에서는 겨우 시작 단계에 불과한 일본의 경제 회복세를 뿌리째 흔들 수 있다고 우려하고 있다.[9]

이러한 일본 국내외의 어두운 전망은 일본 정부가 정

부지출에 대한 감축은 병행하지 않은 채로 세금 인상을 추진하기 때문에 나온다. 수입보다 지출이 많다면 적자가 발생할 수밖에 없고 반복될수록 적자 폭은 늘어날 뿐이다. 너무도 당연한 일이 아닌가. 일본은 지난 1997년 하시모토 류타로 정권에서 확인했다시피, 재정지출 감축이 선행되지 않은 소비세 인상은 결국 가격의 상승으로 이어져 소비를 위축시키고 나아가 생산마저 감소시킨다는 교훈을 얻었다.[10] 그럼에도 다시 위험한 역사를 반복하려는 우를 범하고 있는 것이다.

어떠한 이유에서든, 국가의 부채는 정부의 재정 운영 실패의 결과물이다. 그런데 일본 정부는 세금만 인상하려 했다. 이는 정부의 잘못을 국민에게 떠넘기는 일임이 명백하다. 정부의 씀씀이를 줄이지 않은 상태에서 세금 인상만으로 국가의 부채 문제를 해결할 수는 없다. 이러한 세금정책은 나쁜 세금일 뿐이다.

## 자발적 동의와 사회적 합의

세금은 국가 운영을 가능하게 하는 재원인 동시에 소득 재분배의 역할도 한다. 소득수준이 높고 자산을 많이 보유한 사람이 세금을 더 많이 내는 것이 당연시되는 이유이다.

세금의 본질을 바라보는 시각은 크게 두 가지로 나뉜다. '희생설Sacrifice theory'과 '이익설Benefit theory'이다. 전통적인 견해인 '희생설'은 '세금이란 반대급부의 제공 없이 강제적으로 부과, 징수하는 것'이다. 즉, 국가에서 받는 혜택 그 이상의 세금 납부를 강요받는다는 뜻이다. 반면 '희생설'을 대체하며 새롭게 등장한 '이익설'은 '국가가 제공하는 공공 서비스에 대하여 사회 구성원이 자발적으로 지불하는 대가'를 세금으로 본다. '희생설'과 '이익설'의 가장 큰 차이는 바로 '자발성'이다. 민주화 이전의 국가에서는 '희생설'로 세금을 이해하는 데 무리가 없었다. 하지만 현대 국가의 세금을 '희생설'로만 이해하기엔 부족한 점이 있다.[11] 만약 오늘날 정부가 별다른 설명도 없이 국민더러 무조건 세금을 더 내라고 한다면, 과연 어떤 사람이 군말 없이 따를까? 과거 전제군주시대라면 모를까, 사회 구성원의 동의 없이 무턱대고 과도한 세금을 부과했다가는 국민적 반발로 자칫 정권이 교체될지도 모른다. 따라서 현대 국가에서는 세금에 대하여 사회 구성원의 '자발적 동의'를 구해야 하며, 설령 '자발적 동의'를 구하기 어려운 경우일지라도 진솔한 '설득'을 통해 사회적 합의를 이끌어내야만 한다. 개인이 부담할 수 있는 세금 능력을 최대한 객관화하려는 시도 역시 일종의 설득 과정으로 볼 수 있다. 오늘날 세금은 더는 강제가 아닌 합의적이고 자발적인 징수와 납부가 기본이기 때문이다. 그렇기에 세금을 내는 당사자들에게 제대로 양해도 구하지 않은 상태로 세금을 부과하는 일은 있을 수 없다.

일례로 2012년 우리나라의 총선 공약을 생각해 볼 수 있다. 당시 총선은 연말 대선을 앞두고 있던 시기였다. 여야 할 것 없이 무상복지를 확대하는 정책을 개발하고 공약으로 발표했지만 그 어느 쪽도 재원 확충 방안에 대해서는 명확한 답을 내놓지 못했다. 무상복지에 필요한 재원을 마련하려면 국민이 추가적인 세금을 부담해야 하는데, 여야 모두 정작 추가 세수 부담의 주체인 국민들에게 이를 밝히고 자발적인 동의를 얻으려는 노력은 하지 않았다.

이처럼 국민의 추가 세수 부담, 국가 부채 악화와 재정

적자 초래의 위험에 대해서는 일언반구도 없이 무상복지라는 달콤한 선심성 공약만을 내세우는 것은 복지 포퓰리즘에 지나지 않는다. 이를 무시하고 대중적인 인기에 영합하여 선심성 정책을 시행하고자 세금을 인상해야 할 경우, 결국 그 부담은 국민들이 부담하는 소비세 인상이 될 가능성이 높다.[12]

# 세율이 세수를
# 좌우한다

## 아일랜드로 몰려가는 기업들

우리는 흔히 손쉬운 세수 확보의 방법으로 세금 인상을 떠올린다. 하지만 현실은 생각만큼 녹록지 않다. 납세자의 동의 없이 막무가내로 세금을 인상했다가는 거센 반발만 불러오기 때문이다. 사실 그 누구도 자기 주머니에서 조금이라도 더 많은 세금을 내고 싶어 하지는 않는다. 이는 개인뿐만 아니라 기업에서도 명징하게 드러난다. 특히 이윤을 추구하는 기업 입장에서 법인세는 달갑지 않은 존재이다. 실제로 기업활동은 법인세율이 높을수록 위축되고, 반대로 법인세율이 낮을수록 활발해진다. 예를 들어, 오랜 장기 불황을 겪는 일본의 경우 2010년 법인세율이 40%

에 육박했으나 최근에 35%로 인하했다. 일본의 어마어마한 법인세율은 선진국에서도 가장 높은 축에 속하며, 세계적 기업들의 적극적인 투자와 일본 진출을 어렵게 하는 요인이 되고 있다.

일본과 달리 낮은 법인세율로 이득을 본 나라는 바로 아일랜드다. 현재 아일랜드는 법인세율이 12.5%로 굉장히 낮다. 이렇게 낮은 법인세율은 아일랜드를 경제 위기에서 구해내기까지 했다.

2010년 아일랜드는 재정위기로 국제통화기금IMF에 구제금융을 신청했지만, 3년 만인 2013년 12월 유로존 재정위기 국가 중 최초로 구제금융에서 벗어났다. 어떻게 이런 일이 가능했을까? 답은 '법인세율 인하'에 있었다.

아일랜드가 법인세율을 낮추자 해외 기업들이 적극적으로 투자를 늘렸고 꽁꽁 얼어붙었던 아일랜드경제가 움직이기 시작했다. 대표적으로 2013년 미국 의약품 제조사인 페리고Perrigo Co.는 아일랜드 제약회사인 엘란Elan Corp.과의 인수 합의를 진행했다. 페리고가 엘란을 인수한 이유는 아일랜드로 회사를 이전하려는 목적에서다. 30%에 달하는 미국의 법인세에 비해 아일랜드의 법인세율은 그 절반도 되지 않는다. 페리고 외에도 애플, 구글, 트위터 유럽본사 등이 아일랜드에 옮겨가는 추세다. 이처럼 세계적 기업이 속속 아일랜드에 둥지를 틀면서 일자리가 늘어나고 내수시장이 활성화되었으며, 아일랜드경제가 살아났다. 더불어 가계소득의 증대에 따라 아일랜드 정부의 세수도 증가했다. 세계 각국에서 많은 기업이 몰리면서 아일랜드 정부가 거둬들이는 법인세가 늘어난 것은 당연했다. 즉 개별 기업의 법인세율을 낮춘 덕분에 전체 법인세의 규모는 늘어난 것이다.

현재도 수많은 기업이 아일랜드로 이전하고 있다. 2014년 5월을 기준으로 글로벌 기업 1,033개가 아일랜드를 유럽 지역의 거점으로 삼고 있다. 아일랜드투자개발청IDA은 자신 있게 '세계 유망 기업들이 아일랜드로 몰려오고 있다'고 말한다. 인구가 불과 450만 명밖에 안 되

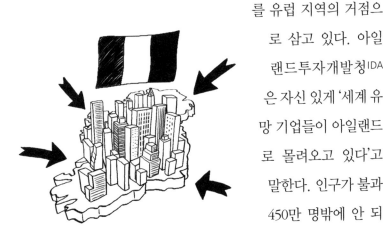

는 아일랜드에 무려 1,033개나 되는 글로벌 기업이 둥지를 틀었다는 사실은 참으로 놀랍다. 이는 아일랜드가 수십 년 동안 법인세율을 세계 최저 수준으로 유지했기에 가능한 일이었다.

재정위기 당시, 아일랜드 총리인 엔다 케니Enda Kenny는 재정위기 극복을 위해 정부지출을 삭감하면서도 법인세는 현재 정책을 유지하겠다고 말했다. 이처럼 일관성 있는 아일랜드 정부의 법인세정책은 글로벌 기업에 신뢰를 주었고, 적극적인 투자를 이끄는 원동력이 되었다. 이처럼 기업에게 정부의 일관성 있고 예측 가능한 정책은 무엇보다 중요한 사안이다.

가까운 예로 국내 최대 기업인 삼성전자의 베트남 진출을 들 수 있다. 삼성전자는 해외 진출을 위해 여러 나라를 물색한 결과, 베트남을 최종 선택했다. 그 이유는 법인세였다. 베트남 정부는 삼성전자의 생산기지를 자국에 유치하기 위해 2008년 삼성전자의 공장이 설립된 후 4년간 법인세를 면제해 줬다. 또 이후 12년간은 법인세를 5%만 받기로 하는 등 파격적인 감세 혜택을 주었다. 어째서 이런 일이 가능했을까? 베트남 정부가 삼성전자를 자국 내에 유치하면 얻는 이익이 법인세 감면보다 크다고 판단했기 때문이다.

2014년 세계경제 동향을 살펴보면, OECD 34개국 중 23개국이 법인세를 축소하려는 움직임을 보이고 있다. 이러한 때에 세율을 높이는 일은 세계적인 추세에 반할뿐더러 실질적인 세수 확보에도 아무런 도움이 되지 않는다.


## 레이거노믹스와 래퍼곡선

레이거노믹스Reaganomics는 미국의 제49~50대 대통령 (1981~1989)을 지낸 로널드 레이건Ronald Wilson Reagan이 추진했던 경제정책의 통칭이다. 레이건 대통령이 취임했을 당시만 해도 미국경제는 2차 세계대전 후 최악의 상황에 봉착해 있었다. 1960년에서 1980년까지 20년에 이르는 동안 인플레이션은 2%대에서 14%로, 같은 기간 실업률은 4%에서 10%로 상승했다. 즉 당시 미국경제는 물가는 치솟고 실업률을 높아지며 경기는 후퇴하는 '스태그플레이션 Stagflation' 상황이었다.

따라서 레이건 정부의 당면 과제는 두말할 것 없이 '경제 살리기'였다. 레이건 대통령은 암흑기에 놓인 미국경제를 되살리면서 동시에 바닥까지 추락한 미국 국민들의 자존심을 끌어올리고자 했다.

레이건 정부는 경제에 활력을 불어넣기 위해 공급을 장려했다. 특히 스태그플레이션을 극복하기 위해 세율 인하, 규제 완화, 정부지출 축소, 긴축 통화정책 등을 펼쳤다. 결과적으로 레이거노믹스는 성공했다. 두 자릿수였던 인플레이션은 5%대까지 떨어졌고, 레이건 대통령이 재임한 8년 동안 미국 내 일자리가 무려 2,000만 개나 새롭게 생겨났다. 2%에 불과하던 경제성장률은 연평균 4% 이상이 되었다. 그야말로 미국경제의 암흑기를 종식시키며 새로운 번영의 길로 나아가는 기틀을 마련한 것이다.

이러한 레이거노믹스의 성과를 견인한 요인 중 하나가 바로 세금 감면이었다. 레이건 정부는 세금 감면에 따른 유인 효과를 통해 경제가 회복될 수 있도록 유도했다. 레이건 정부의 감세정책을 가능하게 한 밑바탕에는 미국의 경제학자 래퍼Arthur Betz Laffer가 창안한 래퍼곡선이라는 이론적 근거가 깔려 있었다.

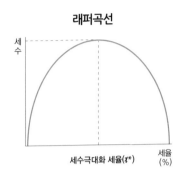

**래퍼곡선**

래퍼곡선은 세율에 따라 조세수입이 변화하는 관계를 표현한 것으로, 래퍼곡선을 통해 조세수입이 최대가 되는 세율을 찾아낼 수 있다. 래퍼곡선에 따르면 극단적으로 세율이 0%거나 100%일 경우 세수입은 0이 된다. 세율이 0%인 경우, 걷는 세금이 없으니 당연히 세수도 0이 된다. 반대로 세율이 100%인 경우, 아무도 일하려 하지 않을 것이므로 세금을 부과할 소득이 없어 세수입은 0이 된다.

하지만 세율이 0%에서 점점 높아지는 경우, 조세수입도 덩달아 높아지게 된다. 그러다 특정 세율에 이르러 조세수입이 정점을 찍는다. 이후에는 세율이 상승해도 조세수입은 점차 감소하게 된다. 그 이유는 높은 세율이 근로 의욕을 저하시키기 때문이다. 아무리 많은 소득을 얻더라도 세금 내느라 남는 것이 없다면 그 누가 열심히 일할 마음이 들겠는가. 결국, 총생산이 감소하며 세금을 부과할 수 있는 소득 자체가 줄어들면서 조세수입이 줄어들게 된다. 레이건 정부는 이러한 래퍼곡선에 따라 감세정책을 펼쳤고, 실제로 괄목할 만한 경제성장을 이루었다.

물론 래퍼곡선이 경제학에서 절대적인 이론으로 인정받는 것은 아니다. 국가마다 처한 경제 상황과 실증적인 문제가 모두 달라 현실적으로 조세수입을 가장 극대화할 수 있는 지점을 정확히 제시할 수 없기 때문이다. 그렇다고 해서 감세정책의 효과마저 부인되는 것은 아니다. 지금까지 여러 경제학자의 연구뿐만 아니라 실물경제에 적용해 본 감세의 효과는 긍정적인 경우가 많았다. 실례로 한국조세재정연구원은 2008년부터 2012년까지 추진하던 법인세의 감세 효과를 연구해 발표했다.[13] 감세와 재정 건전성 관리 연구가 주요 내용으로, 이 자료에 따르면 감세정책은 '모든 시나리오에 걸쳐' 대체로 긍정적인 결과를 나타냈다.

현재도 경제학에서 증세와 감세는 뜨거운 논쟁의 대상이기는 하다. 그러나 지금까지 대부분의 증세가 거센 반발에 직면하고 실물경제에 악영향을 끼치는 경우가 많았던 전적을 미루어 볼 때, 증세와 감세 가운데 어느 쪽이 경제에 이로울지는 분명하다.

# 제 2 장

# 복지, 그 기준이
# 무엇인가

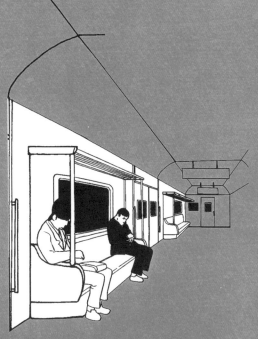

복지가 정의로우려면

당신에게 복지란 무엇입니까?

지속가능한 복지로 가는 길

세금은 생산에 지장을 준다.

- 헨리 헤즐릿, 『경제학의 교훈』 -

# 복지가
# 정의로우려면

## 세금을 많이 내면 복지수준이 더 높을까

　북유럽의 복지라고 하면, 우선 '요람에서 무덤까지'로 대변되는 복지정책이 떠오를 것이다. 대개 사람들은 북유럽 사람들이 높은 세금을 부담하는 만큼 높은 복지수준을 누린다고 생각한다. 하지만 북유럽 국가 국민들의 실제 조세부담률이 어느 정도인지 정확히 알고 있는 사람은 얼마 없을 것이다.[14]

　익히 알다시피 북유럽 국가들의 1인당 소득수준은 상당히 높은 편이다. 스웨덴의 경우 약 35,000달러, 노르웨이는 약 44,000달러에 달한다. 그런데 이 소득의 절반 이상을 세금으로 납부해야 한다면 어떨까. 북유럽 국가의 평균 조세부담률은 58%에 달한다. 반면 북유럽 국가와 소득수준이 비슷한 미국은 조세부담률이 30% 정도이다.

수치만 놓고 비교하면 미국의 복지가 북유럽 국가에 비해 현저히 떨어질 것 같지만 현실은 그렇지 않다. 의료 서비스를 예로 들어보자. 북유럽 국가는 의료 서비스 재원의 85% 이상을 세금에 의존하지만 미국은 45% 정도이다. 그렇다고 미국의 1인당 의료 서비스의 질이 북유럽 국가보다 낮다고 볼 수는 없다. 스웨덴 팀브로Timbro연구소 문크함마르Johnny Munkhammar의 연구보고서에 따르면, 스웨덴의 경우 1인당 연간 누리는 의료 서비스의 가치가 2,200달러라고 한다. 같은 척도를 적용할 경우 미국은 1인당 4,800달러의 의료 서비스를 누린다고 한다. 어떻게 복지국가의 대명사인 스웨덴보다 미국의 의료 복지수준이 더 높을까? 이유는 간단하다. 미국에서는 세금으로 내지 않은 비용으로 자신에게 맞는 복지 서비스를 스스로 선택해 이용하기 때문이다.

실제로 미국인들은 소비의 2/3를 교육, 의료, 베이비시터 등과 같은 복지 서비스에 할애한다. 반면 스웨덴은 소비의 1/3만을 사용한다. 세금을 많이 내고 적게 내고와는 상관없이 복지에 대한 원칙이 복지수준을 결정하게 된다는 의미다. 실제 북유럽 국가 안에서는 다양한 복지에 대한 수요가 높다. 국가가 독점적으로 제공하는 복지 서비스가 개개인의 다양한 요구에 부응하지 못하고 있기 때문이다.

따지고 보면 북유럽 국가에서 국민들이 복지 재원으로 세금을 많이 낼 뿐이지 상대적으로 세금을 덜 내는 미국보다 복지 서비스를 더 많이 누리는 것은 아니다. 오히려 미국이 복지 재원으로 세금을 적게 내면서도 자율적인 복지 서비스의 소비로 북유럽 국가보다 더 큰 복지를 누리고 있다. 간단한 비교이지만 이는 결코 내는 세금의 양과 복지수준이 비례하지 않는다는 것을 보여 준다.

북유럽 국가는 미국과 함께 세계에서 가장 시장 지향적인 성향을 가지고 있다. 개방된 시장, 낮은 규제, 확고한 재산권, 안정된 통화 등 경제적 자유가 잘 보장되어 있으며 소득수준 또한 높다. 그럼에도 불구하고 북유럽 국가의 생활수준은 미국보다 떨어진다. 그 이유는 과연 무엇일까?

미국 케이토CATO연구소의 미첼Daniel Mitchell이 발표한 연구 결과에 따르면,[15] 스웨덴의 생활수준은 미국의 50개 주의 생활수준과 비교하여 하위 6번째에 해당한다. 스웨덴이

미국의 평균 생활수준에도 한참 못 미치는 까닭은 조세 부담이 미국보다 두 배 가까이 높기 때문이다. 또한 높은 세금 부담에 비해 창출되는 민간 부문의 일자리 수는 많지 않고 공무원 수만 계속해서 늘어났다. 실제로 스웨덴의 장기 실업과 청년실업은 미국보다 높은 수치를 기록하고 있다. 오히려 고학력자와 고급 인력이 스웨덴을 떠나고 있는 실정이다. 어디 그뿐인가. 대표 제약회사는 물론이고 유명 가구회사도 스웨덴을 떠나 해외에 자리를 잡았다. 세계적인 자동차 회사 볼보Volvo와 사브SAAB 역시 해외 기업에 매각됐다. 이 모두가 지나치게 높은 세금이 경제의 숨통을 옥죄었기 때문이다.

북유럽 국가와 미국의 비교는 단순한 증세만으로는 복지 확대를 이룰 수 없다는 사실을 증명한다.[16] 줄리안 사이먼Julian Lincon Simon은 자신의 저서『근본자원』에서 '가난한 자에게 필요한 것은 자원보존이나 환경보전보다 경제성장이다'라고 지적한 바 있다.

세율을 올려 복지재정을 충당한들 경제가 침체되면 무슨 소용인가. 높은 수준의 복지를 이루려면 그에 상응하는 경제성장이 뒷받침되어야 한다.

# 당신에게 복지란
# 무엇입니까?

## Right와 Entitlement의 차이

힘든 하루를 보내고 만원 지하철을 탔을 때, 비어 있는 노약자석에 눈이 간 경우가 있는가? 대다수가 아마도 '그렇다'고 대답하지 않을까 싶다. 하지만 속마음이야 어쨌든 간에 신체 건강한 젊은이가 노약자석에 앉는 경우는 흔치 않다. 대중교통의 노약자석은 말 그대로 노약자를 배려하는 좌석으로 사회적 합의가 이루어져 있기 때문이다.

여기서 우리가 생각해 볼 것은 노약자석에 대한 '권리'의 성격이다. 권리의 개념은 'right'과 'entitlement'로 나눠 생각할 수 있는데, right의 권리는 남에게 간섭받지 않을 권리를 말한다.[17] 반면 entitlement의 권리는 다른 이들의 희

생이 따르는 권리를 말한다. 즉, 누군가 권리를 행사하기 위해서는 또 다른 누군가의 경제적 희생이 있어야 한다. 대표적으로 right의 권리는 언론, 사상, 집회 등에 대한 자유가 있다. right의 권리는 권리를 누리는 데 있어 다른 이들의 희생이 없으므로 경제적 비용도 없다. 비용이 없으므로 right의 권리는 무제한으로 허용해도 사회적 문제가 되지 않는다. 하지만 entitlement의 권리는 다르다. 누군가의 희생이 따르고, 경제적 비용이 존재하기 때문에 무제한으로 늘려줄 수 없다. 무제한으로 허용할 경우, 누군가는 엄청난 희생을 치러야 하기 때문이다.

right와 entitlement의 권리 중 노약자석은 'entitlement의 권리'에 해당한다. 사회적으로 허용할 수 있는 합의된 권리수준이기 때문이다. 건강한 사람들이 일정 수준 자신들의 희생을 감수하기에 노약자석이 존재할 수 있다. 만약 젊고 건강한 사람이 노약자석에 앉는다면, 많은 사람에게 질타를 받게 될 것이다. 사회적 합의가 이뤄진 entitlement의 권리를 침해했기 때문이다.

반대로 일반석에 앉은 이들에게 무조건 자리를 양보하라고 강요하는 사람들이 있다. 이들 또한 곱지 않은 시선으로 바라보게 된다. 이는 entitlement의 권리를 right의 권리로 착각해 생기는 일이다. 합의되지 않은 희생을 일방적으로 강요하기 때문에 문제가 된다. 도덕적인 기준에 따른 자발적인 양보가 아니라 강요에 못 이겨 마지못해 하는 양보는 자신의 권리를 침해받는다고 느낄 수 있다.

타인의 양보와 희생을 수반하는 entitlement의 권리를 right의 권리로 착각하면 노약자석의 비중은 점점 늘어나고 그만큼 일반석은 줄어들 것이다. 어느 순간 노약자석이 대중교통 좌석의 대부분을 차지하게 될 수도 있다. 그렇게 되면 희생을 감수해야 하는 많은 이들은 반발하게 될 것이다. 권리를 누리려는 자와 권리를 지키려는 자의 대립과 갈등이 발생한다.

그렇다면 우리에게 복지는 right의 권리일까? 아니면 entitlement의 권리일까?

## 복지는 무제한의 권리가 아니다

헌법 제34조는 '모든 국민은 인간다운 생활을 할 권리를 가진다'라고 명시하고 있다. 과연 인간다운 생활의 기준은 무엇일까? 사회·문화에 따라 그 기준은 확연히 다르겠지만 누구든 더 나은 삶을 살고자 하는 바람만은 같을 것이다.

그러나 안타깝게도 세상 모두가 자신이 원하는 만큼의 삶의 질을 누릴 수는 없다. 또 각자 원하는 삶의 질이 다르거니와 개중에는 자신의 삶의 질을 높이기 위해 다른 사람의 삶을 침해하는 경우도 있다. 복지 역시 마찬가지다. 우리는 복지를 마땅히 누려야 하는 '권리'라고 주장하는 사람들을 왕왕 목격한다. 물론 영 틀린 말은 아니다. 하지만 복지를 'right의 권리'로 말한다면 이는 명백히 틀린 말이다. 국가에서 정하는 복지정책은 분명 일부의 희생을 통해 일부의 권리를 보장하는 구조이기 때문이다. 따라서 복지정책은 사회적 합의가 필수 전제조건이다. 사회적 합의 없이 무턱대고 추진되는 복지정책은 실효성이 없을뿐더러 자칫 분열과 갈등의 요인이 될 수 있다.[18]

물론 복지정책은 분명 필요하다. 다만 그 대상과 수준의 결정이 문제이다. 이를테면, 빈곤층을 위한 복지정책은 필요하다. 시장경제에서 소득 배분은 경쟁질서를 통해 이뤄지며 누가 부자가 될지, 빈민이 될지는 알 수 없다. 제아무리 유능한 사람도 한순간에 빈곤층이 될 수 있고, 평범해 보이는 사람이 내로라하는 부자가 될 수 있는 것이 바로 자본주의 시장경제의 특성이다. 또 시장경제의 치열한 경쟁 하에서는 꼭 개인의 능력과 성실성에 비례해 소득 배분이 이뤄지지는 않는다. 따라서 빈곤층의 복지 문제를 사회적 합의를 통해 경제적으로 보듬을 필요가 있다. 그런데 과연 어느 정도까지가 빈곤층일까? 또 빈곤층에게 어느 정도의 복지를 제공해야 할까?

바로 이러한 질문의 답을 사회적 합의에 따라 결정한다. 그리고 사회적 의견 수렴의 중심에는 정부가 있다. 정부는 복지의 대상과 범위, 수준을 사회적으로 합의된 복지 철학을 바탕으로 결정해야 한다. 명확한 기준 없는 무분별한 복지정책의 남발은 실패로 끝날 수밖에 없다. 복지란 재원을 필요로 하며 그 재원의 충당을 위해 누군가의 희생이 따라야 하는 만큼 아무에게나 무한정 제공할 수는 없다. 또한 사회 구성원 대부분이 동의할 수 있는 기준과 원칙이 없다면 복지정책은 본래 목적인 사회통합이 아닌 분열만을 초래할 뿐이다. 빈곤층에 대한 사회적 배려가 소득계층 간의 갈등을 불러올 수도 있다.

따라서 우리는 복지에 대한 인식부터 전환해야 할 필요가 있다. 일부 정치인들은 복지를 정치 상품으로 이용하곤 한다. 그들의 말을 듣고 있자면 복지는 'right의 권리'로 느껴진다. 하지만 복지를 무제한으로 인식하는 순간 우리 사회에서 진정한 복지는 사라지고 말 것이다.

복지정책은 함께 사는 사회를 위한 초석이다. 그런데 오히려 사회계층 간 대립의 원인이 된다면 그 복지정책은 잘못된 정책임에 틀림없다. 잘못된 복지정책이 현실화되는 것은 사회 구성원의 인식에서 비롯된다. 이러한 인식을 바로잡지 못한다면 아무리 합리적이고 좋은 정책도 결코 현실화될 수 없다.

# 지속가능한
# 복지로 가는 길


신新 요람에서 무덤까지


2012년 세계 유수 언론지에 매우 암울한 기사가 실렸다. 그리스의 청년실업률이 무려 51%에 달한다는 내용이었다. 더욱 안타까운 일은 그리스의 청년 일자리 창출에 대한 전망은 앞으로도 좋지 못할 것이라는 부정적인 견해가 대다수이다.

그리스의 문제는 청년실업률만이 아니었다. 빈곤율이 무섭게 치솟으면서 40%에 육박했고, 과거의 중산층마저도 자선단체가 제공하는 음식에 기대야 하는 극단적인 상황까지 내몰렸다.

그리스 경제 위기의 원인 가운데 하나는 과도한 복지재

정지출이다. 그리스뿐만 아니라 한때 유럽의 복지 선진국에는 '실업은 괜찮은 직업'이라는 야유도 있었다. 이는 국가의 복지재원에 의존하는 국민의 도덕적 해이를 비꼬는 말로, 실제로 일하기 귀찮으면 실업급여를 받아 편하게 생활하겠다는 사람들이 있었다.

하지만 덜 일하고 더 받던 유럽식 복지모델은 재정위기로 한순간에 몰락했다. 긴 휴가, 조기 은퇴, 넉넉한 연금, 높은 실업수당, 양질의 의료보험시스템을 자랑하던 유럽 국가들이 더는 같은 수준의 복지를 제공할 여력이 없어졌기 때문이다. 글로벌 금융위기, 고령화, 청년층 인구 감소 등의 상황과 맞물려 더는 유지할 수 없는 시스템이 되어버렸다. 그리스를 비롯하여 다른 유럽 국가들이 줄줄이 경제적 위기를 겪어야 했던 것이 바로 그 때문이다. 유럽 복지 국가의 전형이었던 스웨덴의 청년실업률이 25%에 달하기까지 했다.[19]

결국, 프랑스, 독일, 영국 등 몇몇 유럽 국가는 이미 2008년 금융위기 이후에 대대적으로 복지모델을 수정했다. 프랑스는 법적 퇴직연령을 낮추는 연금 개혁안을 추진했고 독일은 연금 지급 규모를 축소했다. 이와 같은 복지

축소 움직임은 비단 유럽 국가만의 일은 아니다. 전 세계 대부분 국가가 이제는 복지에 대한 환상에서 벗어나 현실을 직시하기 시작했다. 동경의 대상이던 유럽마저 자신들의 복지정책을 대대적으로 수정하고 있지 않은가.[20]

　물론 아직 '요람에서 무덤까지'란 슬로건 자체가 사라진 것은 아니다. 다만, 예전에는 태어나서 죽을 때까지 국가가 주는 혜택으로 삶을 영위하는 복지를 표방했다면 이제는 조금씩 그 의미가 바뀌고 있다. 그리고 사실 '요람에서 무덤까지'를 국가가 책임지고 보살펴야 할 필요는 없다. 자기 책임의 원칙을 따라 스스로 태어나서 죽을 때까지 안정적인 생활을 유지하기 위해 각자 노력해야 하는 것이다. 그렇기에 현재 유럽도 국가에서 무분별하게 제공하던 복지 혜택을 줄이고 대신 일자리 창출과 사회활동 장려를 통해 개개인이 꾸준한 소득을 얻을 수 있도록 하고 있다. 이제 과거의 지속불가능한 '요람에서 무덤까지'를 고집하기보다는 지속가능한 '요람에서 무덤까지'라는 생각으로 바꿔나가야 한다.

## 변화하는 유럽 국가의 복지모델

유럽의 복지모델 변화는 남의 얘기만은 아니다. 우리 나라 역시 포퓰리즘 논쟁이 끊이지 않고 있다. 무상급식, 무상의료, 무상보육, 무상교육 등의 무상복지 시리즈는 복지가 공짜라는 인식을 심어주기에 충분하다. 하지만 우리는 이미 수많은 사례에서 '공짜 점심'은 없다는 사실을 확인했다.

헨리 헤즐릿Henry Hezlitt은 자신의 저서 『경제학의 교훈』에서 '공공사업은 세금을 의미한다'며 얼핏 무상으로 보이는 서비스일지라도 그 이면에는 세금이 존재한다는 사실을 꼬집었다. 즉 무상복지란 실제로는 무상이 아니라 세금을 지불하고 받는 서비스이다. 다만 유권자의 표를 의식할 수밖에 없는 정치권에서 복지를 무상이라 표현하는 것이다.

사실 복지 문제는 곧 세금 문제로 귀결된다. 자신이 해당 복지를 위해 얼마만큼의 세금을 더 내야 하는지를 생각해 보아야 한다. 우리는 흔히 복지를 이야기하며 유럽 국가, 특히 북유럽 국가의 복지를 빈번히 언급한다. 하지만 스웨덴이나 덴마크 같은 나라는 국민이 부담해야 할 세금과 사회보장부담금 즉, 국민 부담률이 50% 내외로 우리나라 국민 부담률 20% 중반보다 무려 두 배 가까이 높다. 단순히 수치만 비교해도 북유럽 국가의 복지를 비교 대상으로 삼으려면, 지금보다 두 배 이상 세금을 더 내야 한다는 계산이 나온다. 그러나 과연 복지 확대를 위해 세금을 두 배 이상 내려는 사람이 얼마나 있을지는 의문이다. 우리나라 국민 대부분이 복지 확대는 찬성이지만 세금을 그만큼 많이 내는 것에는 반대하고 있지 않은가.

복지는 일종의 자선으로 볼 수 있다. 자선에는 강제적 자선과 자발적 자선이 있다. 정부에서 세금을 통해 행하는 복지는 강제적 자선에 해당한다. 이러한 강제적 자선은 주는 이와 받는 이 모두에게 별다른 감흥을 주지 못한다. 즉 주는 기쁨도, 받는 고마움도 느끼기 어렵다는 뜻이다. 사실 기쁨과 감사는 자발적인 자선에서나 가능하다.

독일의 아우그스부르크Augsburg시에는 기부로 운영되는 '푸거라이Fuggerei'라는 거주지가 있다. 푸거Fugger라는 한 부호가 집 없는 빈민층을 위해 집을 짓고 공짜나 다름없는 가격에 세를 내주었다. 푸거의 이름을 따 '푸거라이'라고 부르게 된 것이다. 때때로 부호의 가세가 기울어 푸거라이가 운영상 어려움을 겪은 적도 있었다. 하지만 그럴 때마다 일반 기부자들이 아낌없이 기부를 해주었고, 그 덕분에 푸거라이는 지금까지 오랜 시간 운영될 수 있었다.

푸거라이의 입주 조건에는 한 가지 특이한 점이 있다. 자신들에게 도움을 준 푸거 가문과 일반 기부자들에게 하루 세 번 기도를 드려야 한다는 것이다. 언뜻 생각하면 유치하다고 느껴질 수도 있다. 그러나 푸거라이 거주자들은 푸거라이에 기부해 준 이들 덕분에 더 나은 삶을 살 수 있게 되었음을 잘 알고 있다. 그들은 항상 고마움을 느끼며, 망설임 없이 감사의 기도를 드린다.

국가의 복지정책과 민간의 자발적 복지가 더해지면 그것이 진정한 최적의 복지수준일 것이다. 그렇기에 복지의 수준이 높아지고 지속가능하기 위해서는 기쁨과 고마움이라는 도덕적 감정이 함께해야 한다. 국가가 복지를 제공하기 위해 납세자에게 더 많은 희생을 강요하기만 한다면 중·장기적으로 거센 반발과 함께 복지수준을 떨어뜨리는 결과만을 가져올 것이다. 모든 것을 국가가 책임져야 한다는 생각은 너무도 위험하다. 지속가능한 복지를 위해서는 국가가 제공하는 복지는 최소화하고 도덕적 복지 즉, 자발적인 복지 참여가 더 많이 일어나도록 해야 한다.[21]

실제로 현재 유럽 국가의 복지모델은 과거보다 혜택을 대폭 축소하는 형태로 변하고 있다. 우리가 부러워하는 만큼 유럽 국가의 복지모델이 완벽했다면 지금처럼 복지모델을 수정할 필요도 없었을 것이다. 이는 유럽 국가 스스로 복지모델의 문제점을 깨닫고 현실적으로 변화하고 있다는 방증이다.

국가가 개인의 삶을 '요람부터 무덤까지' 돌봐준다 하면 자기 책임의 원칙은 약해질 수밖에 없다. 자연히 근로의욕과 저축의욕은 감소하며 생산성 하락과 경제성장의 정체가 발생한다. 그뿐만이 아니다. 무분별한 복지 확대가 야기한 문제는 결국 국민에게 부담으로 돌아오기 마련이다.

그럼에도 불구하고 과거 스웨덴으로 대표되는 북유럽 국가식 복지를 여전히 좋게만 여기는 사람들이 있다. 그런 복지정책이 실현 가능할지도 의문스럽지만, 가능하더라도 다른 나라들이 앞서 겪은 여러 문제들을 직면하는 데 그리 오랜 시간이 걸리지는 않을 것이다.

# 과도한 복지에
# 빠진 나라들

복지국가의 확대는 실질적인 이익 없이
자유와 번영을 희생시킨다.

- 제임스 뷰캐넌, 『헌법적 질서의 경제학과 윤리학』 -

# 복지도 과하면
# 병이 된다

아르헨티나는 왜 맨날 시위를 할까?

"생활비 보조를 늘려 달라! 이렇게는 살 수 없다."

아르헨티나의 수도 부에노스아이레스 도심 한복판에 시위대의 절박한 목소리가 울려 퍼졌다. 시위대에는 10대 청소년, 젊은 부녀자, 60대 노인들도 섞여 있었다. 도대체 왜 이토록 다양한 연령층 사람들이 모여 정부를 상대로 목에 핏대를 세우며 시위를 벌이고 있는 걸까?[22]

시위대는 '시위를 하지 않으면 생계지원금이 올라가지 않고, 생계지원금이 올라가지 않으면 먹고살기가 힘들기 때문'이라 한다. 시위를 해서라도 생계지원금을 더 받으려는 것이다. 얼핏 얼마나 생계가 어려우면 사람들이 시위를 하나 싶다.

하지만 사실 아르헨티나는 세계에서 손꼽히는 복지국가이다. 복지재정만 예산의 60% 가까이 된다. 아르헨티나 국민의 80% 정도가 보조금을 받고 있으며 전기와 가스 및 수도 요금은 무료이다시피 하다. 또한 아르헨티나는 교육과 의료 서비스가 무상이다. 대학까지 모든 교육이 무상으로 이루어지며, 누구나 보험증 없이 전국 7천 500개 국립의료시설에서 치료를 받을 수 있다.

이처럼 어마어마한 복지 혜택을 누리고 있는데도 불구하고 정작 아르헨티나 국민들은 하루가 멀다고 시위를 벌인다. 근로자, 교사, 저소득층, 농민, 노인 등 다양한 계층이 저마다 임금 인상과 생활보조금 확대, 연금액 지급 증액 등 더 많은 복지 혜택을 요구하며 시위한다. 과연 그 이유는 무엇일까?

크게 두 가지 측면에서 살펴볼 수 있다. 첫째는 물가 인상이다. 과도한 복지정책으로 국가가 시중에 돈을 엄청나게 푸는 바람에 물가가 폭등했다. 쉽게 말해, 아르헨티나 정부가 국민 생활을 안정시키겠다는 명분 아래 다양한 보조금을 지급하자 가계 부문의 구매력이 상승하면서 소비가 증가했다. 소비 증가는 결과적으로 물가 인상을 동반하며, 이는 곧 더 많은 정부보조금 요구라는 부메랑으로 돌아왔다. 살인적인 물가 폭등 탓에 사람들은 예전과 같은 수준의 정부보조금을 받아서는 예전처럼 생활할 수 없게 된 것이다.

게다가 아르헨티나 국민들은 이미 '정부가 생활비를 주는 것'에 익숙해져 있다. '어려우면 어려운 만큼 아껴 쓰고, 더 열심히 일해야 한다'가 아니라 정부가 국민의 생계를 책임지고 해결해야 한다고 생각한다. 그렇기에 아르헨티나 국민들은 날이면 날마다 시가지로 나와 정부의 생활보조금 확대를 외친다. 아르헨티나 국민들에게 정부는 '국민이 필요한 돈을 주는 곳'인 까닭이다.

두 번째는 아르헨티나의 과도한 선심성 복지정책이다. 사실 아르헨티나는 1940년대만 해도 세계에서 내로라하는 부국 가운데 하나였다. 당시 아르헨티나는 넓고 비옥한 토지에서 생산되는 1등급 농산물과 풍부한 천연자원, 노동력을 밑천으로 세계 5위에 빛나는 경제력을 과시했다.

그런 아르헨티나의 경제가 망가지기 시작한 때는 바로 후안 페론Juan Domingo Peron 전 대통령의 집권기였다. 페론 전

대통령은 1940~50년대와 1970년대에 집권하며 많은 유권자의 표를 얻기 위해 복지재정지출을 파격적으로 늘렸다. '포퓰리즘정책의 원조'라는 별칭을 얻은 이유다. 물론 당시에는 굉장히 폭발적인 반응을 얻었다. 국민들은 페론 정권의 복지정책에 열광했고, 이를 '페로니즘Peronism'이라 불렀다. 페론 전 영부인 에비타Eva Peron는 '성녀'라는 애칭을 얻을 정도였다.

하지만 좋은 시절은 아주 잠깐이었다. 아르헨티나 정부 예산으로는 페론 정권의 분배 위주 경제정책과 지나친 복지재정지출을 감당할 수 없었기 때문이다. 재정 적자는 곧 눈덩이처럼 불어났고, 아르헨티나의 재정 건전성은 급속히 악화되었다. 무려 4억 명을 먹여 살릴 수 있는 곡물과 고기를 수출해도 소용없었다. 아르헨티나 정부의 무지막지한 포퓰리즘 복지정책은 아르헨티나 경제 규모를 훨씬 뛰어넘는 것이었다. 결국, 과도한 복지재정지출로 예산이 바닥 난 아르헨티나 정부는 외채를 쓰기 시작했다. 그러나 손바닥으로 하늘을 가릴 수는 없는 법이다. 외채는 어디까지나 임시방편이지, 근본적인 해법이 될 수는 없었다. 1970년 58억 달러였던 외채는 2001년 1,320억 달러로, 2004년

에는 28배인 1,623억 달러로 늘었다. 이 어마어마한 국가부채는 끝내 아르헨티나를 2001년에 이어 2014년에도 디폴트 위기로 내몰았다.

더욱 놀라운 사실은 국가경제가 과도한 복지정책으로 망가졌는데도 여전히 아르헨티나 국민들은 복지 혜택 확대를 요구한다는 점이다. 페론 정권 이후 집권한 몇몇 정권이 아르헨티나경제를 되살리지 못한 까닭이 바로 여기에 있다. 아르헨티나 국민들은 자신들이 누리던 혜택을 쉽사리 포기하지 못했다. 그것이 설령 국가경제를 개혁하고 장차 모두가 잘살 수 있는 아르헨티나를 만들기 위한 일이어도 말이다.

현재 아르헨티나는 빈곤층과 실업자가 넘쳐날 뿐만 아니라 고질적인 인플레이션이 계속되고 있다. 수많은 중산층이 물가 폭등을 견디지 못하고 무너져 내리고, 범죄율도 증가했다. 그렇다고 아르헨티나경제가 성장하지 못한 것은 아니다. 최근 국제 농산물의 가격 인상으로 아르헨티나는 매년 9% 안팎의 경제성장률을 기록했다. 문제는 이러한 경제성장률을 무색하게 만들 정도로 방만한 정부의 재정지출이다.[23]

아르헨티나의 한 복지 전문가는 '정치인은 정권 유지를 위해 현금을 뿌리는 무분별한 복지지출을 한다. 복지 지원을 받는 사람들은 정부 지원금만을 바라며 액수가 더 많아지기만을 바란다. 이들이 나라를 거덜 내고 있다'며 걱정한다. 선심성 복지지출을 축소하고 경제 발전의 청사진을 제시해달라는 아르헨티나 사람들의 불만도 늘어나고 있다. 그만큼 무분별한 복지가 가져온 폐해가 심각하다는 말이다. 복지와 같은 혜택은 한번 제공되면 다시 거둬들이기가 힘들다. 당연한 것으로 생각해 버리기 때문이다. 제공되는 혜택에 고마워하기보다는 새로운 혜택을 바라는 것이 사람이다. 우리는 수많은 개개인의 주장과 요구를 받아들이는 일은 애초에 불가능하다는 것을 잘 알고 있다. 아르헨티나의 상황은 과연 국가가 해야 할 역할이 무엇인지를 다시금 생각해보게 한다.

안타깝게도 아르헨티나의 미래는 앞으로도 그다지 밝아 보이지는 않는다. 아르헨티나의 페르난데스Cristina Fernandez 대통령은 페론주의를 고스란히 이어받으며, 과거 페론 정권의 선심성 복지정책을 남발하고 있기 때문이다.

## 복지병을 이겨낸 칠레

칠레는 세계 그 어느 나라보다 사회보장제도의 도입이 빨랐던 국가이다. 1820년에 퇴직군인연금제도를 도입 및 시행했고, 이후 공무원과 국영기업에 대한 연금제도를 확대 시행했다. 1924년에는 블루칼라 위주의 노동자사회보장기금을 창설했고, 1925년에는 민간부문 피고용자사회보장기금과 공공부문 및 언론인을 위한 국가사회보장기금도 창설했다.

정부의 복지에 대한 급진적인 정책과 함께 정부의 경제 개입도 강화됐다. 1970년에 집권한 아옌데<sup>Salvador Isabelino</sup> <sup>Allende Gossens</sup> 정권은 급진적인 사회주의 개혁을 시도했다. 사회보장제도 확대와 함께 팽창적인 재정 및 통화정책을 시행했다.

결과는 참혹했다. 1973년 칠레의 물가는 600%가 넘게 치솟았다. 정부의 재정적자는 25%를 기록했다. 경제성장률 역시 참혹한 수치를 나타냈다. 1972년 경제성장률은 -1.2%를 기록하며 마이너스 성장을 했고, 1973년엔 더욱 심각해져 경제성장률이 -5.6%를 기록했다.

사실 칠레는 경제적 상황이 후진국에 속해 있었다. 정상적인 경제 발전의 과정을 겪지 않고, 지나친 분배 위주의 경제정책과 과도한 정부 개입이 칠레경제를 급속히 악화시킨 것이었다. 하지만 아옌데 정권은 개의치 않고 자신들의 개혁을 단행했다. 사유재산 국유화와 소득재분배를 추진했다. 모든 경제 분야에 정부 개입을 강화하고 심지어 기업과 금융기관을 국유화해 버렸다. 이러한 아옌데 정권의 개혁은 칠레경제를 더욱 어렵게 만들었다.

반전은 1973년에 찾아왔다. 아우구스토 피노체트Augusto Jose Ramon Pinochet Ugarte가 군사 쿠데타를 일으켜 아옌데를 축출하고 정권을 잡은 것이다. 피노체트는 1973년 9월, 칠레 대통령에 취임했고 본격적인 칠레 개혁에 나섰다. 그 시작이 바로 신자유주의 경제 혁명이다.

피노체트 정권은 정부기구를 축소하고 정부지출도 줄여나갔다. 특히 사회보장제도 개혁을 강력히 추진해 특권적 연금을 제거하고 난립하던 사회보장제도 역시 단일화했다. 또한 정부가 독점하고 있던 연금을 민간 주도의 적립식 연금으로 전환했다. 1970년대 말까지만 해도 칠레의 연금제도는 파탄 직전에 있었다. 경제는 악화되고 있었지만 지급되는 연금은 줄어들기는커녕 늘어만 갔고, 칠레의 연금을 비롯한 사회보장 재정은 꾸준히 악화됐다.

피노체트 정권은 월급에서 원천징수하는 방식이 아니라 근로자가 소득의 10%를 개인연금 저축 계좌에 납입하고 장애보험과 생명보험을 선택하여 추가 납부하는 방식으로 연금제도를 개혁했다. 특히 연금을 적립액과 수익률에 맞춰 지급하도록 하여 개인이 스스로 노후를 책임지게 했다. 이는 개인의 선택의 자유와 책임을 높이는 동시에 연금기금 운용기관 간의 경쟁을 유도하고 연금기금 재정의 건실화를 꾀하는 효과가 있었다.[24]

실제로 1981년부터 시작한 칠레의 연금 개혁은 칠레경제에 좋은 영향을 미쳤다. 민간연금제도를 도입한 뒤로 칠레의 총저축률은 높아졌다. 1982년 1%까지 추락했던 저축률은 1989년 이후 20% 이상 상승했다. 저축이 늘어난 만큼 경제성장에도 긍정적인 효과가 있었다. 칠레의 연금제도 개혁은 국가의 비효율적인 관리와 퍼주기 식의 연금의 문제점을 잘 보여주는 사례다. 칠레가 기존의 공적 연금을 계속 유지했을 경우, 엄청난 재정 손실은 물론 경제 파탄에 이를 수도 있었기 때문이다.

## 세금은 사회를 빈곤하게 만든다

정책에서 가장 중요한 부분은 '지속가능성'이다. 제아무리 좋아 보이는 정책이더라도 지속가능하지 않다면 결코 좋은 정책이라 할 수 없다. 세계에서 으뜸가는 복지 선진국으로 꼽히는 스웨덴의 복지정책이 변화하는 이유도 지속가능성 여부 때문이다. 경제 사정이 좋고 재정이 넉넉할 때야 걱정이 없겠지만 문제는 경제가 위축되고 재정이 부족할 때에 발생한다.

테렌스 킬리Terence Kealey는 자신의 저서『과학연구의 경제법칙』에서 '세금은 사회를 빈곤하게 만든다'고 지적했다. 스웨덴의 경우만 해도, 높은 세금으로 막대한 복지재정을 마련해 왔다. 그러다 보니 높은 세금을 피해 외국으로 자본가와 기업이 옮겨 가는 사례가 빈번해지고, 모험과 도전으로 무장한 기업가정신이 사라졌다. 자연히 사회 전체가 무기력해지면서 서서히 침체의 늪에 빠질 수밖에 없다.

결국, 견디다 못한 스웨덴은 1991년에 세제를 개편했다. 높은 소득세를 인하하고 부가세를 강화했다. 2005년에는 상속세를 폐지했다. 그뿐만 아니다. 정부의 역할을 점차 줄이면서 경제의 체질을 정부 주도가 아닌 시장 중심으로 전환시키고 있다. 정부가 모든 정책의 책임을 지는 포퓰리즘적인 사회에서 시장 친화적인 사회로 탈바꿈하고 있는 셈이다.

이는 스웨덴의 복지정책에서도 여실하게 드러난다. 전통적인 복지를 강조하며 연금제도를 운용하던 스웨덴이었지만, 급속도로 진행되는 고령화와 경제 불황을 도저히 감당할 재간이 없었다. 스웨덴은 지금까지의 연금정책 및 복지정책이 지속 불가능하다는 사실을 깨닫고 대대적인 연금제도 개혁의 필요성을 절감했다.[25]

1998년, 스웨덴은 3년 이상 스웨덴에 거주한 65세 이상 모든 노인에게 연금을 지급하던 '보편적 기초연금'을 폐지했다. 그 대신 연금 혜택을 못 받거나 적게 받는 노인들

## 스웨덴 기초연금 개혁

| | 기초연금 | 최저보장연금 |
|---|---|---|
| 대상 | 3년 이상 스웨덴에 거주한 65세 이상 모든 노인 | 3년 이상 스웨덴에 거주한 65세 이상 저연금·무연금 노인, 노인의 45% 수령 |
| 재원 | 보험료(고용주만 부담), 국고(전체 지출의 약 25%) | 전액 국고 |
| 급여수준 | 근로자 평균 임금의 약 20% | 근로자 평균임금의 약 25% |

만 받을 수 있는 '최저보장연금'이라는 선별적 연금제도를 도입했다.

스웨덴은 국가가 개인을 전적으로 책임져야 한다는 전통적 복지에서 스스로 자기 자신을 책임지되 그럴 능력이 전혀 없는 사람들을 국가가 보조한다는 선별적 복지로 정책 방향을 바꾸었다. 전통적인 복지모델의 표본으로 불리던 스웨덴이 이런 결심을 하게 된 것은 결국 지속가능한 복지정책이야말로 현실적으로 실현할 수 있기 때문이다.


## 유로존 국가들의 냉엄한 교훈

2010년은 유로존 국가의 자존심에 먹칠을 한 해나 다름없었다. 1999년 유로화가 도입되고 불과 10여 년이 지난 2010년 5월 그리스를 시작으로 2010년 11월 아일랜드, 2011년 4월 포르투갈이 IMF에 구제금융을 신청하면서 이른바 'PIIGS'가 터진 것이다. 'PIIGS'는 포르투갈Portugal, 아일랜드Ireland, 이탈리아Italy, 그리스Greece, 스페인Spain의 각 앞 글자를 따서 만든 말로, 남유럽 국가의 재정위기를 의

미한다. 또한 PIIGS는 돼지를 뜻하는 'pig'와 유사한 발음을 가지고 있어 남유럽의 경제 파탄 책임과 도덕적 해이에 대한 비판을 우회적으로 표현하는 뉘앙스도 담겨 있다.

PIIGS의 경제 위기는 재정적자와 경상수지 적자가 동시에 작용했다는 공통점이 있다. 따라서 이들 국가가 경제 위기 극복을 위해서는 공공부문의 구조조정이 필수불가결하다. 공무원 임금 삭감, 연금 수급 연령 상향, 연금액 축소 등이 위기 극복을 위한 방안에 포함되는 이유다.

특히 그리스의 경우 공공부문이 전체 GDP의 40% 이상을 차지하고 있다. 쉽게 말해 그리스는 '큰 정부'다. 사회보장비용은 GDP의 18%에 달한다. 그리스 정부의 공공지출이 국가 인프라나 투자보다는 국민들의 소비를 보장하는 방향으로 이뤄진 결과다. 문제는 그리스 국민들이 이미 과도한 복지에 익숙해져 있다는 점이다. 그래서 정치인들은 유권자의 표를 얻기 위한 복지 포퓰리즘정책을 계속 펼쳐야만 했다. 이러한 복지 포퓰리즘정책의 쓰디쓴 대가는 그리스의 재정 위기라는 초유의 사태를 야기하고야 말았다. 이는 복지는 결코 공짜가 아니며 누군가는 반드시 그 대가를 치러야 한다는 사실을 간과한 탓이다.

# 보편적 복지에서
# 선별적 복지로

## 성장과 복지

경제정책을 논할 때에 우리는 항상 성장과 복지를 이야기한다. 마치 성장과 복지가 서로 대립하는 개념인 양 서로 날카롭게 대립하고, 반대쪽을 깎아내리기에 급급하다. 그러나 엄밀히 따져서 성장과 복지는 각각 개별적으로 따로 존재하는 개념이 아니라 상호 보완적인 개념이다. 어느 한쪽을 완전히 배제한 정책은 사실상 존재할 수가 없다. 그 이유는 성장 없는 복지란 불가능하고, 성장과 복지 둘 중 하나만으로는 모든 이를 만족하게 할 수 없기 때문이다.[26]

사실 경제성장은 우리에게 많은 것을 가져다준다. 먹고사는 문제를 해결해주고, 사회가 필요로 하는 재원을 마련해 준다. 이를 통해 미래를 준비할 수 있는 여유도 제공한다. 이러한 이유로 어느 나라나 성장을 위해 끊임없이 노력한다. 그러나 노력한다고 모든 나라가 경제성장을 이룰 수 있는 것은 아니다. 또한, 경제성장에 성공했다고 해서 모든 나라 국민들의 주머니 사정이 넉넉한 것도 아니다.

"성장하면 뭐해? 내 생활은 나아진 게 없는데."

이런 푸념 섞인 말을 심심치 않게 들을 수 있다. 서민의 경우는 더욱 그렇다. 경제성장의 혜택을 만끽할 수 있다기보다는 그저 삶을 유지하는 수준으로 느끼곤 한다. 그래서 경제성장의 성과를 깎아내리고, 복지의 필요성을 역설한다.

과연 복지란 무엇일까? 한국경제는 지난 반세기 동안 눈부신 성장을 했다. 일제강점기의 식량 수탈, 해방 이후에는 한국전쟁으로 전 국토가 폐허로 변해 밥도 제대로 먹지 못하던 시절이 있었다. 그 당시의 복지란 밥이라도 제대로 먹는 것이었을 게다. 물론 '현재'를 사는 사람들은 또 다른 복지를 원한다. 삶의 형편이 나아졌고 경제가 성장했으니 그에 걸맞은 복지를 원하는 것이다.

시대에 따라 복지에 대한 요구는 복잡하고 다양하게 변

화했으나, 그 핵심은 예나 지금이나 안정적인 삶의 영위라 할 수 있다. 하지만 어떻게 하면 모든 이가 안정적인 삶을 영위할 수 있을까?

복지론자들은 국가의 적극적인 복지정책으로 사회 구성원들이 안정적인 삶을 영위할 수 있도록 해야 한다고 주장한다. 그러나 복지정책만으로 모든 사회문제가 해결되리라고 생각하는 것은 오산이다. 당장 직면한 고용 문제만 해도 그렇다. 고용 안정화가 과연 복지정책으로 해결될 수 있을까? 절대 그렇지 않다. 무엇보다 고용 안정화는 경제성장 없이는 불가능하다. 안정적인 삶이 가능하기 위해서는 지속성이 필요하다. 복지정책을 펼치기 위해서도 지속적인 재원이 마련되어야 한다. 복지정책의 재원은 무한정 그냥 생겨나는 것이 아니다. 경제성장이 바탕이 돼야만 가능한 일이다. 성장이 멈춰버리거나 후퇴한다면 지금 누리는 삶도 누리지 못하게 된다. 성장을 통해 우리의 삶이 유지되고 조금씩 나아질 수 있다.

이웃 나라 일본은 우리의 거울과 같다는 말을 많이 한다. 세계경제 2위로 대국의 위용을 자랑하던 일본은 옛말이 되었다. 성장을 멈춘 일본은 장기 침체의 고통에 허덕

이고 있다. 다시 일어서기 위해 몸부림치고 있지만 쉬운 일이 아니다. 잃어버린 20년이라는 표현은 어느덧 잃어버린 30년으로 바뀌고 있다. 일본의 대기업 수는 줄어들고 있으며 세계 최고의 기술과 인지도를 자랑하던 소니와 파나소닉까지 왕좌를 내어준 지 오래다. 더불어 일본의 복지수준 역시 과거에 비해 낮아지고 있다. 일본 정부는 막대한 부채를 지면서 이전과 같은 복지정책을 유지하려 하지만 성장이 없는 경제에서 그에 맞는 재원을 확보하기란 불가능하다. 결국, 국민이 부담해야 하는 짐이 늘어날 뿐이다.

경제는 계속해 성장하지 않으면 현재의 상태를 유지할 수 없다. 경쟁과 혁신이 없는 사회는 활력이 사라지고 장기적으로 경제는 도태될 수밖에 없다. 이러한 사회에서 국민이 원하는 수준의 복지를 제공하기란 불가능하다. 복지를 위해 경제성장은 필수다. 따라서 복지정책은 경제성장을 바탕에 둔 원칙이 필요하다. 복지가 장기적으로 지속가능하기 위해서는 경제성장이 기본이 돼야 한다. 그래서 경제성장을 저해하지 않는 범위에서 복지의 수준을 결정해야 한다. 어느 정도의 복지를 제공할지 결정하는 것은 정말 어려운 일이다. 그 누구도 명쾌한 답을 내놓을 수 없다. 복지는 사회적 재분배의 기능을 수행하는 만큼 국민 대다수가 동의할 수 있는 계층을 그 대상으로 삼아야 한다. 또한 복지가 방만해져 경제를 파괴하는 일을 경계해야 하며, 꼭 필요한 부분을 우선적으로 지속가능한 수준을 유지하는 지혜가 필요하다. 우리는 복지를 정부에 의한 획일적 배급제도로 이해해서는 안 된다.

## 버려지는 우유

서울시는 2011년부터 초등학교 1학년에서 4학년에 재학 중인 모든 학생을 대상으로 무상우유를 배급했다. 이전에는 약 10% 이내의 저소득층 자녀들에게만 제공됐지만 무상복지정책의 하나로 모든 학생들에게 확대 시행됐다. 성장에 꼭 필요한 우유를 아이들에게 제공한다는 취지는 좋다.

하지만 우유의 무상배급은 아이들에게 일률적으로 우유를 먹도록 강요하는 일이 될 수도 있다. 우유는 성장에 좋은 음식으로 알려져 사회적으로 성장기 아이들에게 섭

취를 장려하고 있다. 하지만 우유를 먹고 싶지 않은 아이들도 있을 것이며, 선천적으로 우유를 제대로 소화하지 못하거나 우유에 알레르기를 가진 아이들도 있다. 이런 아이들이 약 5~10% 정도 된다. 서울시에서 무료로 우유를 받는 학생이 약 30만 명이니, 5%만 계산해봐도 1.5만 개의 우유가 낭비된다. 먹지도 않을 우유를 무상이라는 이름으로 강제적으로 제공하는 셈이다.[27]

또한, 소득수준과 상관없이 모든 학생이 차별 없이 우유를 배급받아서 좋다는 생각은 일방적인 생각일 수 있다. 우유를 잘 먹는 아이들이라고 해도 자신이 선호하는 제품은 다를 수 있기 때문이다. 시중에 판매되는 우유 제품의

종류는 정말 다양하다. 우유와 유사한 유제품까지 합친다면 그 종류는 수십 가지에 이른다. 제품의 종류가 그토록 다양한 이유는 그만큼 소비자의 기호가 각양각색이기 때문이다. 그런데 무상으로 배급되는 우유는 오로지 한 종류의 우유로 한정

된다. 애초에 학생들은 어떠한 선택권도 가지지 못한다. 무상으로 제공되는 우유의 맛이나 질에 만족하지 못하는 학생들은 우유를 버릴 수밖에 없다. 획일적으로 복지를 생각했기 때문에 나타나는 문제다.

이처럼 아무리 우유가 성장기 학생들에게 좋은 음식이라고 해도, 이를 정부에서 획일적으로 공급한다면 재화의 낭비가 생길 수밖에 없다. 개인의 선택에 맡길 때는 발생하지 않던 낭비가 발생한다. 이는 다양한 개인의 수요를 충족시킬 수 없기에 나타나는 필연적인 결과다. 시장경제가 효율적인 이유는 가격을 통한 자원배분기능이 있기 때문이다. 희소성을 가진 재화를 사회적으로 가장 가치 있게 배분하는 기능이다. 우유의 가격이 천 원이라면, 우유에 대한 주관적 가치가 천 원 이상인 사람만 우유를 구매하고 섭취하게 된다. 하지만 무상우유는 가격이 0원이다. 필요하지 않은 사람도 그 우유를 마다할 이유가 없다. 세금으로 배급되는 우유를 공짜로 생각하게 하고 버려지게 하는 것이 합리적인가? 공짜는 공짜이기 때문에 낭비될 수밖에 없다.

무상우유는 하나의 예일 뿐이다. 무상급식, 무상의료, 무상보육 등 '무상'이란 수식어를 단 복지정책이 계속해 등장하고 있다. 모든 사람이 소득수준과 상관없이 똑같은 형태의 상품을 소비하도록 하는 일이 과연 바람직한 정책인가? 제공되는 복지수준보다 더 나은 수준의 서비스를 원하는 사람들의 선택권을 무시할 수는 없다. 강압적으로 일정한 수준의 서비스만 누리라고 강요할 수 있는 권리는 아무도 가지고 있지 않다. 무상우유와 마찬가지로 무상이라는 수식어를 단 복지정책들은 모두 재화의 낭비를 발생시킨다. 수없이 많은 '무상' 정책이 등장할수록 낭비되는 재화 역시 늘어나는 것이다. 정치적 논리나 감정에 호소하는 무상정책이 과연 실효성이 있는지 의문이다. 언뜻 듣기에는 그럴듯하지만 정작 개인의 선택권은 무시한 채로 일률적인 재화의 배급을 통해 재화의 낭비만 발생시키고 있다.

복지는 자립이 어렵고 경제적 능력이 없는 계층을 위주로 시행돼야 한다. 즉, 자본주의사회에서 발생하는 빈곤층에 대한 사회적 배려차원으로 복지에 접근해야 한다. 그럴듯한 단어로 포장한 보편적 복지가 아니라 선별적 복지가 이루어져야 한다.

# 국가가
# 지켜야 하는 것들

## 상품권이 경제를 살릴 수 있을까?

1998년 11월 일본 정부는 장기화되는 경제 침체를 만회해 보고자 긴급경제대책을 발표했다. 당시로는 일본 역사상 최대 규모인 24조 엔에 달하는 공적 자금 투입이었다. 하지만 경기 부양을 노린 이 어마어마한 금액의 긴급경제 대책에도 불구하고 도쿄 주식시장은 전혀 반응이 없었다. 오히려 일본 정부의 긴급경제대책 발표 다음 날, 미국의 신용평가회사인 무디스는 일본 국채의 신용 등급을 최고 등급인 Aaa에서 Aa1으로 한 등급 강등하기까지 했다. 그 밖에도 일본 정부는 여러 차례나 경기 부양을 시도했지만, 그 무엇도 효과를 보거나 시장의 지지를 얻지는 못했다. 도리어 냉담한 반응과 비웃음까지 샀다.

참다못한 일본 정부는 1999년, 야심 차게 새로운 정책을 내놓았다. 그것은 바로 '상품권'이었다. 일본의 양당인 자민당과 공명당이 합의한 '상품권 배포'는 소비를 자극하려는 의도였다. 만 15세 이하 자녀를 둔 일본의 모든 세대와 노인복지연금 수령자 등 총 3,590만 명을 대상으로 1인당 2만 엔의 상품권을 지급하기로 했다. 상품권 배포에 총 7,000억 엔이 사용됐다. 그런데 왜 하필 상품권이었을까? 일본 정부는 현금을 지급할 경우, 국민들이 돈을 쓰지 않고 저축할 것을 염려했다. 또한 만성적 불황으로 고통받는 유통업계를 살리고자 하려는 의도도 포함되었다.

이처럼 정부가 상품권을 배포하여 소비를 촉진하고 경기를 살리려고 한 시도는 세계에서 유래를 찾아볼 수 없는 획기적인 일이었다. 그러나 안타깝게도 일본 정부의 상품권 아이디어는 일본경제를 되살리기는커녕 참담한 결과를 낳으며 국제적 조롱거리가 됐다. 경제 활성화에 어떠한 영향도 주지 못했으며 국민 부담만을 가중시켰기 때문이다. 왜 이런 결과가 나왔을까?

먼저 상품권을 받은 일본 국민들은 상품권을 할인해

판매해 버렸다. 할인된 가격으로 상품권을 팔아 현금화하고 저축한 것이다. 그러다 보니 일본 정부가 의도한 소비 촉진 효과는 제로에 가까웠다. 그 대신 상품권 할인 거래를 주도한 사채업자와 야쿠자만 상품권 배포로 이득을 보았다. 상품권을 배포하는 데 들어간 비용은 고스란히 정부의 재정 부담이 됐고, 결국 일본 국민의 부담으로 되돌아왔다. 막대한 재정 부담을 감수하고 일종의 복지 혜택이라 생각하고 상품권을 제공한 일본 정부는 깊은 한숨만 내쉴 수밖에 없었다.[28]

현재 일본의 국가 부채는 1,000조 엔을 넘어선 규모이며 연일 사상 최대치를 경신하고 있다. 2014년 2월 기준으로 일본의 국가부채는 1,017조 엔을 넘어섰다. 1,017조 엔은 원화로 계산할 경우 약 1경 668조 원에 해당하는 어마어마한 금액이다. 숫자로 표현하면 10,667,618,100,000,000원이다. 이 정도면 각 숫자의 자릿수를 세어 단위를 가늠하기조차 생소한 수준이다.

일본이 이토록 어마어마한 국가 채무를 짊어지게 된 가장 큰 이유는 대형 경제정책 등을 통한 정부의 재정지출 확대에 있다. 정부가 계속해서 천문학적인 공적 자금을 사용하면서 예산을 다 쓴 데다 세수가 부족하여 적자 국채 발행으로 재정 구멍을 메우다 보니 빚이 눈덩이처럼 불어난 것이다.

1,017조 엔이라는 일본의 국가 부채는 국민 1인당 부담금으로 환산하면 약 8,400만 원에 해당한다. 한국의 1,000만 원보다 8배나 높은 금액이다. 앞으로도 계속 이 상태로 일본의 국가 부채가 늘어난다면 결국 복지는 고사하고 모든 국민이 엄청난 경제적 고통과 시름에 빠지게 될 것이다.

## 국가와 복지

'I am on a budget'이라는 말은 예산이 모자라니 돈을 아껴 써야 한다는 뜻이다. budget은 예산이란 단어로 쓰이는데, 원래 고대 켈트어로 '가죽 주머니'란 뜻이었다. budget이 우리가 지금 사용하는 예산의 의미를 갖게 된 것은 18세기 영국의 정치가이자 영국 최초 총리였던 로버트 월폴Robert Walpole 때문이다. 월폴은 재무부 장관을 지내던 시절에 매년 하반기가 되면 큰 가죽 주머니에서 예산안을 꺼내 읽었다. 이런 월폴의 행동을 조롱하기 위해 사람들은 'open the budget'이란 말을 썼다. 어느덧, 이 표현은 일반 영어로 정착되고 우리가 쓰는 'budget(예산)'이 됐다.[29]

'budget'의 유래가 국가 재정인 탓인지 우리가 예산이란 단어를 가장 흔하게 접하게 되는 경우도 국가 재정을 말할 때다. 정부의 정책은 모두 예산 범위 안에서 행해진다. 그만큼 정부의 정책과 예산은 떼어 놓을 수 없는 관계에 있다.

국가가 국민의 삶을 보전하기 위해 복지를 활발히 펼치기 시작한 역사는 그리 오래되지 않았다. 1834년 영국의 구빈법Poor Law을 시작으로 보면 180년 정도다. 비스마르크Otto Eduard Leopold von Bismarck의 사회보장법으로는 130년이며, 베버리지 보고서Beveridge Report를 기준으로 하면 70년에 불과하다. 그만큼 정부가 복지를 담당한 역사는 길지 않다. 역사적으로 빈민을 구제하는 책임은 정부가 아닌 종교 혹은 마을 공동체가 담당하고 있었다. 정부가 최초로 빈민 구제의 책임을 졌던 시발점은 엘리자베스Elizabeth I 여왕이 1601년 제정한 구빈법이었다. 이후 1834년 새로운 구빈법이 제정됐다. 1880년대 독일에서 비스마르크의 사회보장법이 등장한 배경에는 실업과 소득 불안정이 있었다. 당시 독일 정부는 산업혁명의 후유증으로 나타난 근로자들의 불안 요인을 마르크스주의자들이 체제 변혁의 기회로 활용하는 것을 차단해야 했다. 근로자들을 달래기 위해 고안된 것이 바로 사회보험제도였다.

하지만 영국의 구빈법과 독일의 사회보험제도는 전 국민을 대상으로 하지는 않았다. 본격적인 복지국가는 1942년 발표된 베버리지 보고서를 바탕으로 영국에서 탄생했다. 복지국가의 개념이 생겨난 것도 이 시기의 말장난 때문이다. 1941년 템플William Temple 캔터베리 대주교가 전쟁을 일으킨 독일을 'warfare state(전쟁국가)'로 부르고, 영국은 'welfare state(복지국가)'라고 부른 데서 복지국가란 개념이 등장했다.

복지의 시작, 복지국가 개념의 시작이 어찌 됐건 복지국가의 건설은 누구나 바라는 바다. 인간의 삶의 목표가 행복의 추구에 있고 인류사회의 공동 목표가 이상향의 건설이라면, 이를 실현한 것이 복지국가이기 때문이다. 하지만 우리의 바람은 상황과 시대의 흐름에 따라 바뀐다. 복지정책의 역사는 시대에 따라 끊임없이 변화한다. 이는 복지정책을 비롯한 모든 정책이 당대 지도자, 정책 전문가 그리고 국민의 상호작용으로 만들어지기 때문이다. 이는 역사가 변해도 변하지 않는다.

우리는 복지정책에 대한 다양한 역사상의 경험과 분석 자료를 가지고 있다. 특히 앞서 나간 나라들의 시행착오는 소중한 자료다. 역사적으로 지도자가 부분적, 단편적, 감성적 사고로 복지에 접근하는 경우, 막무가내식의 복지정책이 나오게 되고 국민의 세금을 낭비하면서 정부와 모든 국민이 큰 대가를 치러야 했다. 한때 아르헨티나, 영국, 그리스 등의 여러 국가가 복지정책을 비롯한 선심성 정책을 펼치다 국가 재정에 큰 타격을 입었다. 물론 복지정책 자체가 무의미하다는 것은 아니다. 하지만 복지정책이 크고 많을수록 좋은 것만이 아니라는 것은 확실하다.

병든 사람을 생각해 보자. 그 사람이 병이 들었다는 것을 어떻게 알 수 있을까? 그것은 건강한 상태가 어떤지를 알기 때문이다. 건강한 상태와 비교해 병을 치료하기 위한 방향을 설정할 수 있다. 복지 역시 마찬가지다. 그 사회의 복지 문제를 바로잡기 위해서는, 그 사회가 원하는 복지의 진정한 모습이 무엇인지부터 확인해야 한다. 복지의 많고 적음은 좋은 복지의 척도가 아니다. 무분별한 복지의 확대는 정확한 진단과 처방 없이 환자의 욕구만을 충족시켜 고통을 일시적으로 완화하는 데 그칠 뿐이다. 결코, 병을 낫게 할 수는 없다. 자신의 삶을 스스로 책임지는 의식이 없다면 아무리 좋은 복지를 제공해도 사회는 점점 병들어 갈 것이다.[30]

사회 구성원이 국가가 제공하는 복지의 안락함에 빠져들수록 그 사회는 병들어 갈 수밖에 없다. 누군가의 안락함은 누군가의 희생을 강요해 얻어낸 결과물이기 때문이다. 과도한 복지는 결국 국가의 희생을 강요한다. 정부가 복지정책을 위해 매년 견디지도 못할 부채를 만들어 내는 일은 없어야 한다. 국가 부채는 결국 그 국가에 속한 국민이 짊어져야 할 짐이 될 뿐이다. 많은 사람이 국가의 부채를 자신의 짐이라고 생각하지 않는다. 하지만 역사적으로 국가의 부채는 결국 국민의 희생으로 귀결된다는 사실은 변함이 없다.

# 공짜 복지는 없다

무한대로 증가하는 복지지출

복지의 확대는 복지지출의 증가를 의미한다.[31] 복지지출이 늘어나면 많은 서민에게 더 나은 삶을 보장해주는 긍정적인 효과가 있다. 서민의 삶이 나아지면 양극화가 심해진 사회에서 계층 간 갈등을 완화해주는 순기능을 한다. 하지만 이러한 복지수준의 향상은 우리의 경제성장이 지속 가능한 수준을 유지할 수 있을 때만 가능하다. 경제성장이 뒷받침되지 않는 복지 향상은 제아무리 선진국이라 하더라도 재정위기를 불러올 수 있다.[32]

또한, 한 번이라도 복지확대와 재정위기 발생이라는 악순환의 포퓰리즘에 빠져들면 헤어 나오기가 좀처럼 쉽지 않다. 국민이 포퓰리즘의 폐해를 느꼈을 때는 이미 해결책을 찾기 어려운 지경에 이른 상태이기 때문이다. 만약 국가가 일자리는 물론 의식주까지 모두 제공한다면 얼마나 환상적일까? 하지만 잘 생각해보면 이는 이미 쇠락한 공산주의 국가가 걸었던 길이라는 걸 알 수 있다. 시장경제체제에서 발생할 수 있는 경제적 소외 계층에게 최소한의 인간다운 삶의 보장은 분명 필요하다. 하지만 그 과정에서 개인의 의무와 부담은 도외시되고 오로지 정부의 재정지출에만 의존하려는 성향이 나타나기도 한다. 그로 인한 결과는 복지를 통한 삶의 질 향상이 아니라 삶의 질 하락을 불러오게 된다.

대표적인 포퓰리즘정책의 하나로 국민연금을 들 수 있다. 대부분의 나라에서 국민연금은 국가가 독점적으로 실시하고 있다. 가장 흔한 복지 포퓰리즘의 전형이다. 국민연금은 본인이 부담하는 금액보다 더 많은 혜택을 보장해준다고 주장한다. 그러나 상식적으로 이것이 실현 가능한 이야기인지 의문이 든다.

그 이유는 국민연금의 구조 때문이다. 국민연금은 국민이 낸 세금으로 충당된다. 내는 사람은 한정적인데 어떻게 더 많은 금액을 연금으로 지급할 수 있을까? 이는 국민연금이 현세대만이 아니라 미래세대까지 담보로 잡고 있기 때문에 가능한 이야기다. 그러나 현세대가 구멍 낸 연금 재정을 다음 세대가 메워야 한다면, 이는 후손들에게 짐을 떠넘기는 행태에 불과하다. 단기적으로 가능할지는 모르겠지만, 중장기적으로 지속가능하다고 보기는 힘들다.

국민연금과 같은 정책이 계속된다면 국민들은 스스로 미래를 준비하려는 열망이 낮아지고 반면 연금에 대한 의존도는 점점 높아질 것이다. 이는 현세대만이 아니라 미래세대를 생각해서라도 바람직하지 않다. 현세대의 복지 혜택을 위해 미래세대에게 빚부터 짊어지운다는 것은 있을 수 없는 일이다.

더군다나 현세대를 위한 지출 확대는 훗날 이를 회복하기 위해 지금보다 엄청난 시간과 비용이 소모될 것이므로 미래세대가 떠안는 부담을 더욱 가중시킨다. 다만 그것이 지금이 아니라 미래의 일이므로 그 누구도 제대로 직시하고 논의하지 않은 것이다.

모든 사람은 더 많은 혜택을 누리길 원한다. 그러한 요구를 받아들여 복지를 제공하다 보면 그 나라는 필연적으로 재정위기에 빠질 수밖에 없다. 복지영역의 확대 과정은 정부의 역할을 키우는 방향으로 진행되기 때문이다. 결국 민간기업의 역할이 축소될 수밖에 없고 기업인들의 의욕을 저해하게 된다. 국민들의 자립 의지 역시 정부에 기대려는 성향으로 변모하여 경제의 활력이 원천적으로 저하될 수 있다. 우리가 선진국이라고 생각하는 미국, 일본, 영국 등의 나라는 이미 이런 문제에 직면해 있다.

재정위기에 직면한 나라 대부분은 그 문제가 단순히 복지 포퓰리즘에만 국한되어 있지 않다. 복지 포퓰리즘에 젖어든 나라는 재정, 연금, 금융, 노동 등 다양한 분야에 걸쳐 포퓰리즘의 덫에 빠지게 된다.

어떤 형태의 복지든 도입은 쉽다. 도입은 쉽지만 문제가 발생했을 경우, 되돌리는 일은 도입보다 곱절 그 이상의 노력이 필요하다. 국민들의 저항은 불 보듯 뻔한 일이다. 누군가 원하는 복지를 제공한다면 또 다른 누군가 원하는 복지도 제공해 주어야 한다. 이러한 순환고리는 결국 복지 지출을 계속 늘릴 수밖에 없는 부정적인 구조를 만든다. 따라서 추가적인 복지정책의 도입은 충분한 검토와 중장기적인 효과에 대한 검증을 필요로 한다. 또한 재원조달 방법도 보수적이고 신중한 검토가 필요하다.

밀턴 프리드먼이 자신의 저서 『선택할 자유』에서 '평등을 자유보다도 앞세우는 사회는 결국 평등도 자유도 달성하지 못하게 될 것이다'라고 말한 이유다.

복지 문제를 해결하기 위해 지나치게 국가에 의존하는 경향이 있는 나라는 필연적으로 경쟁력이 쇠약해진다. 이는 시간이 지나면 결국 국민의 삶의 질을 하락시키는 데에도 영향을 미친다. 국가가 현재의 복지 문제에만 집중해 앞으로 다가올 미래를 대비하지 않는다면 그 결과는 참혹할 수밖에 없다. 노령화로 인한 연금 지출의 증가, 미래에 닥칠지 모르는 경제 및 금융위기 등에 대한 준비는 필수적이다. 현재의 복지만을 확대하려 한다면 우리의 미래는 결코 밝지 않을 것이다.[33]

# 제 4 장

# 봉사와 기부,
# 자발적 복지의 길

봉사와 기부에도 철학이 있다

기부하기 좋은 환경

기부에도 경쟁이 필요하다

잘못된 자선 행위는 그것을 통해
치유 내지는 경감시키려 했던 악을 오히려 유발할 수도 있다.

- 앤드루 카네기 -

# 봉사와 기부에도
# 철학이 있다

## 노블레스 오블리주

노블레스 오블리주Noblesse oblige는 프랑스 어로 높은 사회적 신분에 걸맞은 도덕적 의무를 뜻한다. 노블레스 오블리주의 전통은 로마제국으로 거슬러 올라간다. 로마제국의 화려했던 2000년 역사를 뒷받침하는 근간이 바로 '노블레스 오블리주'의 철학이다. 로마 사람들은 특권을 누리는 사람들은 그만큼 행해야 하는 도덕적 임무가 있다고 생각했고, 국가적 위기 앞에서는 최상류층이 먼저 나서야 한다고 여겼다. 그래서 로마의 귀족들은 전쟁이 일어나면 스스로 전쟁의 선두에 서서 싸웠다. 또한, 전쟁에 필요한 자금을 마련하기 위해 자신의 재산을 스스로 사회에 제공했다.

로마 귀족의 자발적 기부는 상류층의 의무인 동시에 곧 명예였다. 이는 황제라고 해서 다르지 않았다. 고대 로마의 초대 황제인 아우구스투스는 국가가 어렵거나 재정이 부족할 때면 언제든 자발적으로 개인 재산을 털어 국고를 지원했다. 공공시설의 건축이나 복구를 위해 귀족들이 개인 재산을 내놓는 일도 많았다. 빈곤 퇴치나 다음 세대를 육성하기 위한 기부도 끊이지 않았다. 로마에서 기부한다는 것은 곧 높은 지위와 명예를 상징했다. 그래서 기부는 자발적이고 경쟁적으로 이뤄졌으며, 로마의 화려한 역사를 세우는 초석이 되었다.

로마사회의 노블레스 오블리주 전통은 지금까지 고스란히 이어져 내려오고 있다. 특히 귀족이 존재했던 유럽에서 강하게 뿌리를 내렸으며 현재도 유럽사회를 지탱하는 큰 힘이 되고 있다. 현재 세계 최강국의 위치에 있는 미국 역시 노블레스 오블리주의 기부문화가 잘 형성돼 있다. 미국의 노블레스 오블리주는 유럽 국가들과 달리 귀족과 같은 특정 계층이 아닌 모든 시민이 행해야 할 의무로 여겨진다. 신대륙에 나라를 건설한 미국은 귀족 대신 기업가들이 그 자리를 대신한 셈이다.

미국의 기부문화 역사에 큰 획을 그은 사람으로 '철강왕'으로 불리는 앤드루 카네기Andrew Carnegie를 꼽을 수 있다. 미국 국민들에게 '위대한 기부자'로 불리는 앤드루 카네기는 현재 미국에 존재하는 5만 6천여 개 자선재단의 시발점이자 미국의 찬란한 기부문화를 꽃피우게 한 장본인이다. 그는 자신이 소유하고 있던 철강회사를 청산해 마련한 5억 달러로 자선활동을 시작했으며, 죽을 때까지 자선활동을 멈추지 않았다.

어린 시절 카네기는 몹시 가난한 생활을 했다. 1835년 스코틀랜드의 가난한 수직공手織工의 아들로 태어난 카네기는 1848년에 가족과 미국으로 건너와 살기 시작했다. 13세 때부터 다양한 직업을 전전하며 닥치는 대로 일했고, 1856년에 철도 침대차 사업에 투자해 성공하면서 본격적으로 재산을 모았다. 철도회사를 거쳐 철강 사업으로 큰 성공을 거둔 앤드루 카네기는 막대한 부와 더불어 사회적 명예와 존경까지 받게 되었다. 그야말로 자수성가의 대표라고 할 수 있다.

카네기는 자신이 쌓은 부를 인류 발전을 위한 기금으로 운용했다. 미국과 영국에 3,000개의 도서관을 지었으며 과

학 발전을 위한 기술원을 설립했다. 문화예술은 물론 전쟁 예방을 위한 활동도 펼쳤다. 그 덕분에 지금도 카네기의 이름을 딴 문화예술단체들이 즐비하다.

카네기는 자신의 인생을 두 시기로 나누어 전반부는 부를 획득하는 시기, 후반부는 부를 나누는 시기라고 했다. 그만큼 사회 환원은 부자들의 신성한 의무라고 강조했다.

카네기는 기부에도 자신만의 확고한 철학이 있었다. 특히 맹목적이고 광범위하게 베풀어지는 단순한 자선에 반대했다. 그 이유는 단순한 자선은 어떠한 효과도 가지지 못한다는 사실을 자신의 경험을 통해 잘 알고 있었기 때문이다.

카네기에 따르면 '오늘날 이른바 자선이라는 이름으로 쓰는 돈이 1,000달러라고 하면, 그중 950달러 정도는 바람직하지 않게 사용된다. 그런 잘못된 자선 행위는 그것을 통해 치유 내지는 경감시키려 했던 악을 오히려 유발할 수도 있다'고 한다.[34]

## 자발적 기부의 힘

누구나 국민 전체의 복지 향상을 바라고, 지속적으로 실현할 수 있기를 기대한다. 이처럼 모든 사람이 원하는 복지의 극대화 원리는 경제학에서 '후생경제학의 첫 번째 기본 이론'이라 부른다. 시장 참여자가 자신의 욕구를 실현하기 위해 이전지출移轉支出이 가능한 완전경쟁 시장에 참여하게 되면, 산출물이 최대로 생산된다는 것이 이론의 핵심이다. 결국, 개인의 복지를 극대화하는 데 가장 중요한 것은 시장 참여자로서 경쟁할 수 있는 기회의 획득이다. 이러한 기회의 보장과 확대가 정부의 중요한 역할이다. 우리나라 헌법은 사회후생이론을 반영하고 있다. 즉, '후생경제학의 첫 번째 기본 이론'이 성립할 수 있는 환경을 만드는 것이 정부의 역할로 규정돼 있다. 헌법 제9장 제119조에는 다음과 같은 조항이 있다.

> 대한민국의 경제 질서는 개인과 기업의 경제상의 자유와 창의를 존중함을 기본으로 한다.

개인의 자유와 창의가 존중되는 사회에서 경제 질서의 기본은 경쟁이며, 경쟁은 국민의 복지 향상에 기여하게 된다. 하지만 경쟁에는 상대가 존재하고 승자와 패자가 필연적으로 나뉜다. 따라서 경쟁의 규칙은 공정해야 한다. 승리자는 거만하지 않고 겸손해야 하며 자신과 경쟁을 한 상대방을 존경하고 배려해야 한다. 이를 통해 경쟁의 가치는 확산되고 경쟁이 지속가능한 환경이 조성된다.

작든 크든 모든 경제적 부는 경쟁을 통해 얻게 된다. 부를 획득한 이들은 자신들이 누리는 풍요에 책임감을 가진다. 이는 경쟁이 복지 향상의 기회가 되기 때문에 가능한 일이다. 부자가 되려고 경쟁에 참여하는 것이 바로 국민 전체의 복지를 향상시키는 일이며, 부자가 되는 것은 노력과 운의 결과이기 때문이다. 결국 그 결실을 기부하는 것은 국민 전체의 복지를 향상시키는 새로운 경쟁의 기회를 창출하게 된다.

미국의 경우, 기부문화가 사회 전반에 걸쳐 뿌리 깊게 자리하고 있다. 미국의 기부는 역사와 종교적 가르침에서 시작되어 경쟁자에 대한 배려가 더해지면서 고유한 기부문화를 만들어냈다. 현재도 미국은 국민 대부분이 기꺼이 기부에 참여하고, 기부활동을 통해 많은 사회문제를 해결한다. 미국사회에서 기부는 사회 곳곳에 흩어져 있는 문제를 해결하는 가장 효율적이고 자연스러운 방법으로 여겨진다. 자발적 기부이기에 참여자들의 만족도도 높다. 정부에서 챙길 수 없는 지역사회의 다양한 문제도 효과적으로 해결할 수 있다. 기부는 모두의 삶을 풍요롭게 하는 미덕일 뿐 아니라, 엄청난 경제적 역할을 해낸다. 이것이 자발적 기부의 힘이다.

미국은 부자만이 아니라 대부분 사람들이 기부를 명예롭고 자연스러운 사회활동으로 생각한다. 이런 기부문화가 미국을 건강한 사회로 유지하는 힘이 된다. 그리고 기부를 하는 이들은 기부할 수 있게 된 행운을 감사하게 느낀다. 미국인들이 이토록 기부에 적극적인 데에는 사회 분위기도 한몫한다. 경쟁에서 승리한 사람은 비난의 대상이 아닌 칭찬의 대상이다. 부자 역시 마찬가지다. 경쟁의 승리자가 칭찬을 받을 수 있는 사회적 분위기는 자연스레 부자가 자발적으로 사회적 책임을 이행하는, 즉 자발적인 기부가 가능하도록 한다. 경쟁에서 승리한 모든 이들이 적극적으로 기부에 참여할 수 있는 사회가 된다면 경쟁에서 얻은 좋은 윤리관을 통해 더욱 기회와 활기가 넘치는 사회가 될 수 있으리라 믿는다.

우리는 가끔 기부가 부자의 전유물이라고 착각하지만, 가만 따져보면 경제적 성공으로 엄청난 부를 얻은 이들만 기부하는 것은 아니다. 실제로 기부단체에 기부되는 금액 대부분은 소액기부자가 낸 것이다. 또한, 기부의 가장 쉽고 보편적인 방법이 돈을 기부하는 일일 뿐, 돈을 통한 기부만 있는 것은 아니다. 자원봉사나 다양한 관련 활동 등도 기부이며, 타인을 위하는 것이라면 어떤 형태로든 기부에 참여할 수 있다. [35]

# 기부하기 좋은
# 환경

## 기업하기 좋은 환경이 기부를 부른다

예전보다 한국의 기부문화가 어느 정도 자리 잡은 데에는 유명 연예인들의 기부활동이 한몫했다. 차인표·신애라 부부, 최수종·하희라 부부, 션·정혜영 부부 등이 대표적인 사람들이다.

차인표·신애라 부부가 활발히 활동 중인 단체 '컴패션 compassion'은, 1952년 한국의 전쟁고아를 돕기 위해 시작됐다. 이처럼 전쟁으로 빈곤에 빠진 한국을 돕기 위해 많은 기부단체가 생겨났다. 물론 지금은 개개인의 기부활동뿐만 아니라 기업의 기부 및 사회공헌활동도 많이 활발해졌다.

기업의 기부활동은 개인의 기부활동만큼이나 중요하

다. 경쟁에서 살아남아 이윤을 남긴 기업들은 기부활동을 통해 자신들이 얻은 부를 다시금 사회에 환원한다. 더욱이 기부 같은 사회공헌활동은 기업의 이미지와 가치를 높이는 데 좋은 역할을 하고 있다.

그런데 여전히 맹목적으로 노블레스 오블리주를 강요하는 분위기가 많다. 당신이 기부자라면 강요로 이루어지는 기부가 달가울 리 있겠는가. 기부하는 사람도 기부의 기쁨과 즐거움을 만끽할 수 있어야 한다. 기부행위를 통해 스스로 기쁨을 누리는 일을 잘못이라고 생각하는 사람은 없으리라. 이는 개인만이 아니라 기업에도 동일하게 적용된다.

기부가 활발한 미국에는 많은 사람이 기부의 기쁨을 누린다. 미국 사람들은 기부를 사회생활 일부분으로 받아들인다. 어떤 형태로든 기부에 참여하고 있는 미국인은 전체 국민의 98%에 달하며, 실제 총 기부액 중 소액기부자들이 내는 금액은 77%에 이른다. 이처럼 자발적인 기부가 가능한 까닭은 미국이 기업하기 좋은 환경을 갖추고 있기 때문이다. 누구든 기업을 운영해 성공을 거둘 수 있다. 그렇게 성공한 사람은 자신이 성공할 수 있도록 기회를 마련해 준

사회에 자신의 부를 자발적으로 환원하는 것이다.

안타깝게도 아직 한국에서는 미국과 같은 기부문화를 찾아보기는 힘들다. 다만, 사회 곳곳에서 조금씩 기부문화의 싹을 확인할 수는 있다. 대표적으로 삼영그룹의 이종환 회장이 있다. 이종환 회장은 2000년 사재 10억 원을 출연하여 '관정이종환교육재단'을 세웠는데 2008년 4월 말 현재 출연 금액은 6천억 원이다. 그는 전 재산의 95%를 교육재단에 출연했다. 그가 출연한 6천억 원은 당시 환율로 5억 4천만 달러를 넘는다. 관정이종환교육재단은 2000년부터 2008년까지 장학생을 3,700명이나 배출했는데 이 가운데 국내 장학생은 약 3천 명, 국외 유학 장학생은 약 700명에 이른다. 그뿐만이 아니다. 이종환 회장은 '아시아판 노벨상'을 제정하여 2010년부터 아시아 지역 인문학자와 과학자 각각 1명에게 노벨상에 준하는 100만 달러씩을 시상하고 있다. 그러면 그는 왜 그렇게 많은 돈을 교육에 투자했을까? 이종환 회장은 자신의 기부에 대해 '나는 우리나라에서 단 한 명이라도 노벨상 수상자 혹은 빌 게이츠와 같은 인재가 나오기를 바라며 돈을 씁니다'라고 말한다. 이종환 회장은 '세계 1등 인재 육성'을 위해 자발적 기부를 한 것이다. 본인의 기부를 통해 성장하는 인재를 보며 이종환 회장은 기쁨을 느낄 것이다. 무엇보다 자발적 기부이기에 얻을 수 있는 보람이 아닐까.

사회적으로 막대한 부를 쌓는 이들 가운데 상당수는 기업가다. 기업가들은 수많은 경쟁에서 살아남으며 그 자리에 올랐다. 그런 그들이 자신의 부를 자발적으로 사회에 환원하는 일은 누구나 환영할 일이다. 부를 축적한 기업가들 역시 기부할 수 있는 특권, 바로 그 행운과 기쁨을 누리고 싶어 한다. 하지만 곱지 않은 시선으로 기부를 강요한다면 그 어느 누가 기부를 하고 싶겠는가. 또한 기업과 기업가들의 자발적이고 활발한 기부문화를 조성하기 위해서는 기업하기 좋은 환경도 필수적이다. 기업하기 좋은 제도적 환경이 조성돼야만 더 많은 기업가들이 성공하고 더 많은 기부를 할 수 있다. 바로 기업의 '자발적 베풂'을 활성화시키기 위한 시작점인 것이다.[36]

# 기부에도
# 경쟁이 필요하다

## 자선단체의 비리, 그 해법은 경쟁

　　2010년 한 뉴스 보도를 통해 전해진 충격적인 이야기는 온 국민을 분노에 휩싸이게 하였다. '사랑의 열매'를 운영하는 사회복지공동모금회의 기부금 비리 내용이었다. 많은 국민이 경악한 이유는 간단했다. 적은 돈이지만 저마다 힘든 이웃을 위해 쪼개고 모아 기부한 돈을 개인의 이익에 사용했기 때문이다. 최소한 기부금만큼은 깨끗하게 쓰일 것이란 믿음을 한순간에 저버렸다. 이 비리사건은 단순히 몇몇 개인이 저지른 도덕적 해이로 보아서는 안 된다. 분명 개인의 도덕적 문제도 존재하지만, 더 우선시 되는 것은 제도의 문제였다. 사회복지공동모금회의 비리 사건이 있었던 시점의 제도하에서는 그러한 일이 일어나는 것이 당연하게 여겨질 정도였기 때문이다. 그만큼 기부 시스템이 부실했다.

## 정부 주도가 아닌 민간 주도의 방식으로

정부의 재분배기능에도 문제가 있다. 정부는 주로 복지를 통해 재분배기능을 수행하려 한다. 하지만 복지정책에는 언제나 예산이 필요하다. 복지를 늘리려면 결국 세금을 올려 복지예산을 추가로 확보해야만 한다. 점점 큰 정부가 될 수밖에 없다. 하지만 세금 확대와 복지예산 확충은 경제성장의 기반을 잠식한다.

먼저 세금을 올리면, 당장은 세수 자체에 문제가 없어 보인다. 민간부문의 재원이 공공부문으로 이전되었을 뿐이기 때문이다. 그러나 높은 세금은 경제주체들의 일하거나 투자할 의욕을 저해한다. 세금을 많이 부담하는 고소득층일수록 이러한 사회적 비용이 엄청나게 높게 나타난다. 장기적으로 세수가 줄 수도 있다. 또한 복지지출을 확대하면 저소득층이 일하지 않고 정부지출에 안주할 유인책이 작동된다. 그래서 세금으로 복지를 늘리는 큰 정부는 큰 사회적 손실을 일으킨다. 우선 세금을 통해 경제적 손실이 발생하고, 또다시 복지지출을 통해 경제적 손실이 불어난다. 예를 들면 5조 원의 복지예산이 집행되었다고 하면, 눈에 보이지 않는 두 가지 형태의 경제적 손실비용은 5조 원을 초과할 수도 있다. 그래서 정부는 세금을 통한 복지지출에 주의해야 한다.

한 연구에 따르면 '정부의 보호기능만이 국가경제를 활성화할 수 있는 역할이고, 이를 초과한 정부지출은 국가경제를 오히려 퇴보하게 한다'고 한다. 구체적으로 정부가 개인의 재산과 안전을 지키는 기능은 GDP 대비 15%면 충분하며, 이를 초과한 정부지출은 장기적으로 민간경제에 대한 개입으로 국가경제에 해가 된다는 견해를 밝히고 있다. 이러한 관점에서 본다면, 정부의 재분배기능의 작동을 위해 가장 효율적인 방법은 자선기부금이다.

## 기부단체도 경쟁해야

세금은 강제적인 성격을 띠지만 기부는 자발적으로 이뤄진다. 따라서 기부자는 물론 그 수혜자의 효용도 증가하게 된다. 정부의 개입 역시 일어나지 않으므로 경제적 손실도 막을 수 있다. 이런 측면에서 매년 증가하는 추세에 있는 한국사회의 자선 기부금 규모는 바람직한 수준이다. 결국 문제는 누가 기부금을 운용하느냐다.

그런데 사회복지공동모금회의 비리 사건이 이런 추세에 찬물을 끼얹은 것이다. 이 사건이 일어난 직후 실시한한 여론 조사에 따르면 '직장인 10명 중 4명이 기부단체 비리 사건으로 인해 기부할 마음이 사라졌다'는 결과가 나왔다. 기부할 의향이 있다고 밝힌 사람 중 다수는 기부단체의 신뢰도를 확인하고 기부하거나, 기부 방법을 바꾸겠다는 의견을 밝혔다. 자발적인 기부행위를 유도하기 위해서는 정부가 아닌 민간 모금기관이 더욱 효율적이라는 사실은 말할 필요도 없다.

실제로 사회복지공동모금회가 아닌 다른 기부단체는 모금액이 늘어나는 현상이 발생했다. 유니세프의 경우

2009년 대비 2010년의 모금액이 60%나 증가했다. 후원자 수도 대폭 늘어났다. 또한 같은 시기 굿네이버스나 월드비전과 같은 기부단체의 후원자가 급속도로 늘어났다. 사회복지공동모금회의 비리 파문으로 더 신뢰할 만한 단체를 찾아 후원하는 이들이 생겼기 때문으로 풀이된다. 정부 주도로 1998년 설립된 사회복지공동모금회는 특성상 실질적인 독점 혜택을 누리고 있었다.

사회복지공동모금회는 다른 기부단체와는 달리 특례 기부금 기관으로 지정돼 조세 혜택을 받을 수 있었다. 기부하는 법인의 입장에서는 어차피 기부를 할 거라면 당연히 조세 혜택이 높은 사회복지공동모금회를 선택할 수밖에 없었다. 또한 사회복지공동모금회는 정부와 독립된 기관이라는 이미지를 부각하기 위해 노력했고, 정부의 감독과 감시는 허술했다. 도덕적 우월성을 내세워 정부에서도 쉽사리 손대기 힘든 기관으로 보이도록 했다. 경쟁 구조에서는 결코 볼 수 없는 비효율적이고 비정상적인 행위가 일어난 이유이며 결국 비리 사건으로 추악한 모습을 공개하게 됐다.

독점 구조는 분야를 막론하고 비리를 초래하게 된다.

아무리 좋은 의도로 시작된 기부단체라고 하더라고 장기적인 독점 구조는 결국 부패를 부른다. 독점 구조의 해결 방법은 간단하다. 경쟁이다. 더 나은 사업 구조와 효율적인 자금 운용을 통한 경쟁은 모두에게 득이 된다. 기부하는 따뜻한 마음의 자발적인 기부행위와 기부단체의 효율적 운영은 별개로 구분돼야 한다. 조직은 경쟁을 통해 더욱 효율적으로 변한다. 정부의 재분배기능을 강화하기 위해서도 자발적인 기부를 독려해야 함은 당연하다. 다만, 기부금을 운용하는 단체와 기관 역시 자발적인 경쟁을 통해 효율성을 극대화시켜야 한다.

# 제 5 장

# 자립이 기본이다

하늘은 스스로 돕는 자를 돕는다

자선보다 자립

복지는 부유해진 결과다

정부는 부모가 아니다

나는 나 자신의 노력에 기초해
내가 나 자신이라는 것을 증명하고 싶다.
나는 나 자신의 운명의 책임자이고자 한다.

- 루드비히 에르하르트 -

# 하늘은 스스로
# 돕는 자를 돕는다

## 진인사대천명의 명쾌한 진리

중세 유럽의 어느 부잣집 정원에서 일하는 소년이 있었다. 소년은 미술에 뛰어난 재능이 있었지만, 가난해서 원하는 미술 공부를 할 수 없었다. 그 대신 뛰어난 예술적 재능을 활용하여 부잣집 정원을 아름답게 가꾸는 일을 했다. 소년은 나뭇가지를 예쁘게 다듬고, 나무 화분에 조각을 새기며 정원을 마치 작품인양 온 힘을 다해 가꾸었다. 하루는 주인이 물었다.

"네가 더 열심히 정원을 가꾼다고 해서 월급을 더 많이 주는 것도 아닌데 어째서 그렇게 정성껏 정원을 가꾸느냐?"

소년은 씩 웃으며 대답했다.

"월급이 많고 적음은 제게 전혀 중요하지 않습니다. 저는 이 정원을 정말 좋아하기 때문이지요. 그래서 정원을 아름답게 가꾸는 일이 마냥 즐겁고 기뻐요."

주인은 소년의 대답을 듣고 크게 감격했다. 소년의 미술적 재능 자체보다 어떤 대가나 보상도 바라지 않고 오로지 자신이 좋아하는 일에 묵묵히 최선을 다하는 소년의 순수한 열정이 부자 주인의 마음을 움직인 것이다. 주인은 당장 소년을 후원하기 시작했다. 부자 주인의 적극적인 후원 덕분에 소년은 꿈에도 그리던 미술 공부를 할 수 있었고, 자신의 재능을 활짝 꽃피울 수 있게 되었다. 이 소년이 바로 이탈리아 르네상스의 대표적인 미술가, 천재 화가이자 불세출의 조각가 미켈란젤로Michelangelo di Lodovico Buonarroti Simoni이다. [37]

만약 미켈란젤로가 가난한 생활에 낙담하여 인생을 되는대로 마구 허비했더라면 어떻게 되었을까? 설령 정원사 일을 하게 되었더라도 시큰둥하여 정원을 돌보는 둥 마는 둥 했더라면? 아마 시스티나 성당의 천장을 수놓은 '천지창조'나 '피에타'의 감동이 후세까지 전해질 일은 없었을 것이다.

　예로부터 '진인사대천명盡人事待天命'이라고  했다.  사람으로서 할 일을 다 하고 나서 비로소 하늘의 뜻을 기다린다는 뜻이다. 이 말은 어떤 일이든 우선 최선을 다하고 후회나 미련 없이 겸허한 마음으로 그 결과를 기다려야 한다는 가르침을 담고 있다. 사실 손가락 하나 까딱하지 않고 거저 얻을 수 있는 일은 아무것도 없다. 때로는 노력한다고 해서 그 노력만큼 대가나 보상을 돌려받지 못할 수도 있다. 하지만 그렇다고 아예 손 놓고 아무것도 하지 않은 채 가만히 멀뚱멀뚱 있는다면 어느 누구도 도움과 기회를 주지 않을 것이다. 결과야 어떻든 현재에 충실하며 스스로 노력하는 사람이야말로 단 1%의 가능성도 자신의 성공으로 만드는 발판으로 삼는다. 그렇기에 옛사람들은 어떤 경우든 일단 자신이 해야 할 일을 스스로 최선을 다한 다음, 그 결과를 차분하게 기다려야 한다고 말했던 것이다.

## 나를 지키는 것은 나다

우리는 '개인'이라는 단어를 들으면 굉장히 차갑고 딱딱하게 느낀다. '시장경제', '경쟁' 등도 마찬가지다. 하지만 '연대', '단결', '협동', '공동체'라는 단어에서는 저절로 든든하고 가슴이 따뜻해지는 느낌이 든다. 이는 우리가 시장, 경쟁, 개인이라는 개념을 생소해 하는 반면 연대, 단결, 협동, 공동체라는 개념에는 친숙하기 때문이다. 그 이유는 무엇일까?

사실상 우리 삶은 대부분 사회 속에서 이뤄지며 다양한 조직에 속해 있다. 현대적인 개념의 개인과 시장, 경쟁이 등장한 것은 인류의 역사에서 아주 짧은 시간에 불과하다. 만약 인류 역사를 24시간으로 환산한다면 3분 남짓쯤된다. 그만큼 인류는 대부분 시간을 개인이 함몰된 공동체속에서 살아왔다고 해도 과언이 아니다.

특히 과거에는 공동체가 곧 인간이 거친 자연 속에서살아남기 위한 유일한 방법이나 다름없었다. 추위와 굶주림, 맹수의 공격 등에서 살아남으려면 혼자가 아니라 우리, 즉 공동체를 이루는 것이 가장 합리적이고 효율적인 방법이었기 때문이다. 그렇게 오랜 시간을 공동체로 살아오다 보니 인류는 공동체, 즉 집단생활에 익숙해지며 자연스럽게 집단주의적 특성을 형성하게 되었다.

외적 위협이 거의 사라진 현대에도 사람들은 과거와 별반 다르지 않다. 여전히 공동체의 습성을 유지하고 있다. 복지정책이 많은 사람에게 호응을 얻는 이유이기도 하다. 시장이나 경쟁보다는 국가의 개입이나 구성원들의 상생을 강조하는 복지정책은 개인의 책임보다는 집단이나 사회의 책임을 강조한다. 삶의 문제를 개인의 책임이 아닌 집단의 책임으로 해결하는 것이 복지정책의 주요 내용이다. 그렇기에 대다수 정치인은 오로지 사람의 공동체적 습성과 감정에 호소하기에 급급하지, 실제 복지정책의 효과나 실현 가능성에는 비중을 두지 않는다. 구태여 복지정책의 실효성, 그리고 지속가능성을 따지지 않더라도 쉽게 표를 얻어 낼 수 있기 때문이다. 아니, 오히려 따지면 따질수록 선심성 정책의 밑바닥을 훤히 드러내는 꼴이니 더욱 입을 굳게 다무는 것이다.

그렇기에 복지가 단순히 표를 끌어모으기 위한 포퓰리즘으로 전락하지 않으려면, 무엇보다 자기 책임의 원칙이 강조되어야 한다. 스스로의 삶은 스스로 지키려고 노력하는 마음가짐이야말로 개인의 삶뿐만 아니라 사회 전체를 건강하고 윤택하게 만든다.

과거 한국의 역사 속에는 자신의 삶을 스스로 지켜낸 이들이 많다. 태양이 작열하는 중동 지역에 파견 나간 근로자, 더럽고 힘든 일을 마다치 않고 독일로 간 광부 등이 그렇다. 이들은 더 나은 미래를 위해 타지로 건너갔고, 그곳에서 고난과 역경을 딛고 묵묵히 수년간이나 일했다. 그 이유는 스스로 일어설 수 있는 기반을 만들기 위해서였다.

이와 달리 시청 앞 광장으로 몰려가는 사람들도 있었다. 이들 가운데 상당수는 구슬땀을 흘리며 일할 생각이 없다. 오로지 피켓을 들고 고래고래 소리를 질러 정부에게서 무언가를 얻어내려는 게 목적이다.

만약 이처럼 정부에게 불만을 토로하고, 정부에게서 자신이 원하는 이익을 얻고자 하는 사람이 많아진다면 그 사회는 어떻게 되겠는가? 도대체 누가 그들의 요구를 들어줄 수 있겠는가?

정부는 국민이 내는 세금으로 국가를 운영하며, 자체적으로 재원을 생산해 낼 수 없다. 즉 정부에게서 나오는 모든 재원은 결국 국민에게서 나오는 셈이다. 따라서 정부에게서 뭔가를 얻어서 욕구를 충족한다는 말은, 곧 불특정 다수의 국민에게서 갈취하는 것과 다름없다. 누가 다른 누구의 무엇을 **빼앗아** 삶을 영위한다는 것은 잘못되어도 단단히 잘못된 논리다.

자기 삶의 주인은 자기 자신이다. 당연히 자신이 자기 삶을 책임지고 지켜야 한다. 세상 그 누구도 타인의 자선에 의존하고, 기생하는 삶을 원하지 않을 것이다. 그렇다면 마땅히 자신이 원하는 삶을 자기 주도적으로 살아야 한다.[38]

# 자선보다 자립

## '빅이슈'를 창간한 존 버드

번화가의 지하철역 입구에서 빨간 조끼와 모자를 착용하고 《빅이슈The Big Issue》라는 잡지를 판매하는 사람을 본적이 있는가? 이들은 모두 《빅이슈》 판매원이자 노숙자다. 《빅이슈》는 잡지인 동시에 노숙자의 자활을 돕는 일종의 자립 도우미로, 수익 전액을 《빅이슈》 판매원으로 일하는 노숙자들을 위해 사용한다. 실제로 《빅이슈》 판매원의 기본 조건은 노숙자다.

1991년 영국에서 처음 창간된 《빅이슈》는 10여 개국에서 14종에 이른다. 여기에 《빅이슈》를 본떠 창간하거나 기사 제휴를 맺은 세계 길거리 매체만도 40개국 120여 종에 달한다. 영국에서만 《빅이슈》는 매주 13~15만 부가 팔린다. 이를 통해 2010년 기준으로 5,000명 이상의 영국 노숙자들이 자립에 성공했다. 세계적 명사들이 무료로 《빅이슈》의 표지 모델이 되는 이유도 《빅이슈》의 공익적 성격때문이다.

현재 《빅이슈》는 세계에서 가장 성공적인 사회적 기업으로 손꼽힌다. 이 《빅이슈》를 창간한 존 버드John Bird는 본래 노숙자 출신이었다.[39]

런던 노팅힐의 슬럼가에서 태어나 자란 존 버드는 이미 5세 때부터 노숙 생활을 시작했다. 부모가 경제적 어려움으로 집세를 내지 못했기 때문이다. 그 뒤로도 불안정한 생활 여건으로 어려운 삶을 살아야 했다. 자연스레 범죄에도 손을 댔다. 13세에는 좀도둑질을 하다 잡혀 감옥 생활을 해야 했을 정도다. 하지만 존 버드는 20대에 이르러 과거의 삶을 청산하고 공부를 시작했다.

이후 안정적으로 자립에 성공했고 40대에 세계적인 화장품 브랜드 '더바디숍The Body Shop'의 공동 창업자인 고든 로딕Gordon Roddick의 제안으로 사회적 이슈와 비즈니스를 결합한 《빅이슈》를 창간하게 됐다.

존 버드는 《빅이슈》를 창간할 때부터 '공짜는 없다'는 생각을 하고 있었다. 자선 위주의 노숙자 관리 방식에 불만이 많던 존 버드는 노숙자가 자립할 기회를 제공해야 한다고 생각했다. 그 기회를 통해 자기 삶의 주도권을 되찾는 일을 돕고 싶어 했다.

실제 영국의 유명 언론인 '데일리메일Daily Mail'과의 인터뷰에서 존 버드는 '정부나 각종 단체의 자선은 찔끔찔끔 먹이를 줌으로써 그 덫에 영원히 걸리게 하는 것'이라며 자선 위주의 노숙자정책을 비판했다. 하지만 이미 자선의 덫에 빠져든 노숙자들은 존 버드의 생각에 강하게 반발했다. 노숙자들은 존 버드가 자신들을 착취하려고 한다고 생각했다.

그러나 존 버드는 결코 뜻을 굽히지 않았다. 오히려 《빅이슈》의 판매원이 되기 위해 지켜야 할 행동 수칙을 정했다. 판매 중 금주는 물론이고 구매자에게 당당하고 친절한 행동을 보여야 한다는 등의 내용이 지켜야 할 수칙의 주요 골자였다. 존 버드는 판매원의 행동 수칙을 통해 노숙자들이 스스로 자신의 존엄성과 자긍심을 되찾길 바랐다. 또한 《빅이슈》의 판매 수익에 대한 정확한 기준을 제시했다.

처음 10권의 잡지를 무료로 제공하고 이를 팔아 생긴 수익으로 다시금 10권의 잡지를 정가의 절반 값에 살 수 있도록 했다. 간단히 얘기하면, 판매 수익의 절반을 판매원인 노숙자가 가져갈 수 있게 한 것이다.

이러한 존 버드와《빅이슈》의 행보에 곱지 않은 시선도 있다. '시장'과 '자립'을 강조해 정부의 복지 책임을 희석한다는 비판도 있다. 하지만 존 버드는 무조건적이고 획일적인 복지정책이 실효를 거두지 못하는 부분도 많다고 생각했다. 따라서 자선보다는 자립이 가능한 기회를 제공하겠다는 의지를 꺾지 않았다. 그 결과 스스로 힘으로 자립에 성공한 노숙자들의 만족도는 자선으로 겨우 생활하던 시절과 비교할 수 없으리만치 높다.

## 여전히 자수성가는 가능하다

최근 들어 국가가 국민 복지를 위해 더 많은 일을 해야한다는 주장이 자주 등장한다. 주요 언론들은 연일 이제 더는 젊은 세대들이 계층이동을 하는 일이 불가능하다는 기사를 쏟아낸다. 참으로 걱정스러운 이야기가 아닐 수 없다. 더욱 우려되는 것은 부정적인 내용도 문제지만 하나같이 남 탓을 하고 있다는 점이다. 대통령 탓, 재벌 탓, 부자 탓… 자신이 잘되고 못 되는 일을 스스로 책임지기보다는 애꿎은 남 탓으로 돌리며 자신을 합리화시킨다. 그리고 자기 스스로 성공을 거둘 수 없다고 지레 판단하고 체념해버린다.

젊은 세대들이 스스로 더는 자수성가自手成家할 수 없는 시대로 규정해 버리기 시작하는 순간, 불행과 불만이 쌓이기 시작한다. 이러한 생각은 정말 위험하다. 스스로 가능성을 제한하고 그 틀 안에 갇힌 삶을 살게 되기 때문이다. 정말로 그들이 성공할 기회는 전혀 없을까?

단언컨대, 기회는 여전히 존재한다. 예전 세대나 지금 세대나 처음 사회생활을 시작할 때 불안감과 불확실성은 똑같이 따라다닌다. 매월 월급으로 생활을 꾸려야 하는 직장인들은 여전히 '쥐꼬리만 한 월급'과 씨름하고 있다. 불안감과 불확실성은 결코 지금의 젊은 세대만 느끼는 감정이 아니다.[40]

그런데 젊은 세대 중 일부는 오로지 자신들만이 불안정한 위치에 놓여있다고 착각한다. 풍요롭게 자란 세대인

만큼 양질의 교육과 사회적 혜택을 받은 사실은 까맣게 잊은 채로 말이다.

지금의 젊은 세대는 풍족했던 만큼 가난함에 고통받는 시간을 보낸 경험은 없다. 밥을 쫄쫄 굶거나 교육을 전혀 받지 못하는 젊은 세대는 손에 꼽을 만큼 적지 않은가. 이처럼 과거 한국의 젊은이들보다 훨씬 많은 혜택을 누리며 살아온 젊은 세대의 경우, 자기 생각이 뚜렷하게 정립되지 않아 문제의 원인을 자신의 내부가 아니라 외부에서 찾으려는 경향이 나타날 수도 있다.

실제 한 청년은 트위터에 다음과 같은 글을 올렸다.

"지금 상황은 사회 시스템에 문제가 있어요. 자기 혼자 잘 되겠다고 열심히 해봐야 법이나 시스템이 뒤를 받쳐주지 못하기 때문에 자수성가하는 것은 불가능해요. 보세요, 지금 대기업이 중소기업을 쥐어짜서 수익을 내는 세상에 혼자서 뭘 하겠어요?"

이 글에는 이미 '희망은 없다'는 내용이 저변에 깔려 있다. 과연 우리는 현재 사회 시스템이 잘못되었기에 자수성가할 수 없는 시대에 살고 있을까? 섣불리 고개를 끄덕일 수 없는 까닭은 실제 우리 주변에 자수성가한 사람들이 꽤 많이 있고 방송과 언론에도 자주 오르내리고 있기 때문이리라.

얼마 전 국내 굴지의 패션 기업으로 연 1조 원의 매출을 돌파해 언론의 조명을 받은 패션그룹형지의 최병오 회장도 자수성가의 대표 인물이다. 최병오 회장은 29세의 나이에 동대문 시장에서 1평짜리 의류 매장으로 패션업을 시작했다. 아침 7시부터 새벽 2시까지 이를 악물고 일했다고 한다. 최 회장이 밝히는 성공비결은 '성실'과 '친절'이다. 몸을 부지런히 움직이면 창의적 아이디어가 떠오르고 남들보다 1%만 친절해도 상대방에게 깊은 인상을 남길 수 있다고 전한다. 또 그는 세상에 '운칠기삼運七技三'이라는 말이 있지만, 운은 1%일 뿐, 나머지는 모두 노력이 좌우한다는 믿음을 가지고 있다.[41]

물론 우리 사회는 급격히 선진화되면서 과거만큼 이례적인 성공을 이룰 수 있는 기회가 줄어들기는 했다. 하지만 그렇다고 기회의 문이 완전히 닫힌 것은 아니다. 지금도 여전히 기회의 문은 변함없이 열려 있다.

현재 한국사회에서는 자수성가를 해보겠다는 도전 정

신을 찾아보기 어려운 듯하다. 특히 경제 위기 등으로 경제 상황이 어려워지면서 젊은이들이 안정적인 직장으로 몰려 들어가며 사회적 활력이 눈에 띄게 줄었다.

지금의 기성세대 역시 과거 젊은 세대를 거쳐 온 사람들이다. 그들에게도 젊은 시절은 불안감과 불확실성에 맞서 싸워온 시간이었다. 그들이 만약 현재에 안주하여 도전과 노력을 시도조차 해보려 하지 않았다면, 오늘날 우리 사회의 풍요로운 번영은 불가능했을 것이다.

지금 당장 불편함과 어려움을 감수하지 않고 모든 것을 누릴 수는 없다. 위험을 무릅쓰지 않고 남들보다 나은 삶을 살기를 바라는 것은 자기모순이다.

자수성가 역시 마찬가지다. 자수성가는 결국 개개인의 문제다. 자수성가의 가능성을 탓할 이유가 없다. 이미 과거보다 훨씬 높은 질의 삶을 더 많은 사람이 누리고 있다. 지금도 세상은 빠르게 변하고 발전하고 있으며, 과거에 비해 촘촘해지고 있다. 그 촘촘한 틈 사이로 새로운 기회는 계속해 생겨나고 있다. 누군가 이미 찾아낸 틈은 모두가 알고 있는 기회다. 지금의 젊은 세대는 지금 시대에 맞는 자신만의 새로운 틈을 찾아야 한다.

# 복지는
# 부유해진 결과다

택시기사들은 왜 해고당했을까?

2011년 7월, 경상남도 지역의 택시업계에 최저임금제가 도입되었다. 경남 지역 택시운전자들은 잔뜩 들떴다. 일전에 전국 택시운전자들이 서울 여의도를 점령해가며 택시업계의 최저임금제 도입을 주장한 덕분이라며, 이제 안정적인 수입을 보장받게 되었다고 좋아했다. 그러나 택시운전자들의 기쁨은 아주 잠시였다. 그다음 달, 창원에 있는 한 택시회사는 66명의 택시기사 전원을 해고해 버렸다. 안정적인 소득 보장을 위한 최저임금제 도입이 어째서 택시기사 전원 해고라는 전대미문의 사태를 일으켰을까?[42]

그 이유는 최저임금제가 시장질서에 부합하지 않기 때

문이다. 최저임금제는 법적으로 근로자에게 일정 금액 이상의 임금을 지급하도록 정해놓은 제도이다. 최저임금제 확대를 주장하는 쪽은 최저임금을 인상하고 법적으로 보장함으로써 근로자의 소득 증대와 생활 안정을 도모하며, 나아가 생산성 향상이라는 긍정적인 효과를 기대할 수 있다고 한다.

그러나 실상은 다르다. 최저임금은 소득 증대 및 생활 안정이라는 결과를 모든 근로자에게 가져다줄 수는 없다. 그 이유는 회사란 영리단체이며 어떠한 일이든 수익을 극대화하는 쪽으로 운영되기 때문이다. 만약 회사의 영리활동이 원활하게 이루어지지 않는다면 운영이 어려워지고 심하게는 존립 자체도 위태로워질 수 있다. 따라서 고용주는 최대한 회사에 이득이 되는 쪽을 택하게 된다. 고용주가 판단하기에 최저임금에 역량이 못 미치는 근로자가 있다면 그 근로자를 대신하기 위한 신기술과 기기를 도입하여 좀 더 효율적인 방식으로 회사를 운영하는 것이다. 이는 결국 앞서 말한 택시운전자 66명의 전원 해고와 같은 대량 실직의 사태를 일으키는 결정적인 원인으로 작용한다.

물론 최저임금제의 도입 및 확대를 주장한 사람들이 근

로자의 대량 해고와 같은 극단적 사태까지 예견하지는 못했을 것이다. 얼핏 생각하기에는 최저임금제가 대다수 사람에게 보편적인 삶의 질을 향상할 수 있는 법적 장치로 보인다. 최저임금제를 통해 소득 재분배의 꿈을 실현할 수 있다고 생각하는 것이다. 하지만 안타깝게도 현실과 이상은 천양지차였다. 바로 이 지점에서 복지 확대론자들의 한계가 드러난다. 복지 확대를 주장하는 사람들은 소득 재분배 정책에서 빈곤을 퇴치하고, 사회 전체 구성원의 삶이 질적 향상할 수 있다고 이야기한다.

결론부터 말하면, 그렇지 않다. 빈곤은 소득재분배정책으로 절대 해소될 수 없다. 폴 헤인Paul Heyne은 자신의 저서 『경제학적 사고방식』에서 '소득은 분배되는 것이 아니므로 실질적으로 재분배될 수도 없다'고 했다. 오히려 소득 재분배정책은 '열심히 일하지 않고도 충분히 먹고살 수 있다'는 안일하고도 방만한 생각을 사회 전반에 뿌리내리게 한다. 그리하여 사회 구성원들의 근로의욕을 저하하고 생산성을 하락시킨다. 게다가 저소득층의 도덕적 해이를 불러오며 결국 장기적으로 빈곤의 악순환을 낳을 확률이 커진다.

돈이 많건 적건 모두가 잘살 수 있는 세상을 만들 수 있는 유일하고도 가장 확실한 방법은 경제성장이다. 경제성장은 경제의 파이를 키우고 사회 전체의 부를 늘려서 빈민을 빈곤에서 탈출할 수 있게 한다. 사회 전체의 부가 확대되는 과정은 개인의 부가 늘어가는 것을 의미하기 때문이다.

따라서 지금 당장 최저임금을 얼마 이상 보장하느냐를 두고 왈가왈부하는 것은 숲을 보지 못하고 눈앞에 나무 몇 그루만 보는 격이다. 경제성장을 통해 사회 전체의 부가 증대되면 빈곤 퇴치는 물론이고 사회 전체적인 삶의 질 또한 자연스럽게 향상되기 마련이다.


## 대한민국은 성공한 복지국가

북유럽의 사례를 들어 대한민국을 복지 분야에선 덜 성장한 국가라 하는 사람들이 있다. 하지만 이것은 엄연히 잘못된 이야기다. 이유인즉슨 대한민국은 세계 어디에도 뒤지지 않을 만큼 훌륭한 사회보장제도를 이룩한 국가이기 때문이다.

특히 대한민국에서 가장 손꼽는 사회보장제도는 의료보장이다.[43] 세계 내로라하는 선진국 의료전문가들조차 한국의 의료보장제도에 감탄을 금치 못한다. 현재 우리나라 약 5천만 명의 국민 대부분이 건강보험에 가입되어 있으며, 감기처럼 소소한 일상적인 질병부터 암과 뇌졸중 등 중대 질병까지 상대적으로 적은 의료비 부담으로 의료 혜택을 누릴 수 있다. 심지어 전 국민의 4%에 해당하는 170만 명의 저소득층은 병원에서 무료로 치료를 받기도 한다.

미국과 비교하면, 현재 대한민국의 의료 혜택이 얼마나 폭넓은지 절감할 수 있다. 미국의 경우, 4천 5백만 명이 의료보장 혜택을 받지 못하고 있다. 의료비가 워낙 비싼 탓이다. 높은 의료비를 부담하지 못해 파산하는 사람까지 있을 정도이다. 그에 반해 대한민국은 언제든 안심하고 병원을 찾을 수 있고, 비교적 낮은 의료비 부담으로 수준 높은 의료 혜택을 보장받을 수 있으니 과연 외국 교포들이 바다 건너 굳이 한국 병원을 찾아올 만하지 싶다.

1962년, 박정희 대통령은 사회보장제도심의위원회를 만들고 의료보험법을 제정했다. 그리고 그다음 해 1963년

12월에 이를 공표하면서 대한민국 의료보험제도의 기틀을 마련하였다. 하지만 안타깝게도 당시 의료보험제도는 곧바로 시행될 수 없었다. 문제는 돈이었다. 나라도 국민도 모두가 가난하던 시절, 의료보험제도를 시행하고 싶어도 시행할 돈이 없었다.

따라서 박정희 대통령은 우선 경제성장에 집중할 수밖에 없었다. 경제성장을 통해 자연스럽게 복지를 견인하고자 하는 생각이었다. 박정희 대통령의 생각은 정확하게 맞아떨어졌다. 수출증대와 자유무역의 성공 덕분에 1인당 국민소득이 눈에 띄게 증대되었고, 나라경제가 급성장했다. 그러자 박정희 대통령은 기다렸다는 듯 국민의료보장을 추진했다.

하지만 찬성보다 반발이 거세게 터져 나왔다. 의료보험제도의 도입이 근로자의 근로 의욕을 떨어뜨릴 뿐만 아니라 재정적으로도 부담이 크다는 이유였다. 실제로 남덕우 부총리 겸 경제기획원장관은 '복지를 하면 나라가 망합니다!'라며 '사회보장망국론'을 주장하기도 했다.

그럼에도 불구하고 박정희 대통령이 의료보험제도를 끝까지 밀고 나간 까닭은 이미 이룩한 경제성장이 국민 복지 실현의 바탕이 될 수 있다는 강한 믿음이었다. 박정희 대통령이 뜻을 굽히지 않고 강력하게 밀어붙인 결과, 마침내 1977년 2월, 생활 능력이 없거나 현저히 떨어지는 저소득층 173만 명이 먼저 의료보험 혜택을 받게 되면서 본격적인 국민의료보장의 시대가 막을 열었다.

당시 박정희 대통령은 연두 기자회견에서 경제와 복지에 관해 다음과 같이 이야기했다.

"경제정책의 궁극적 목적은 국민 생활의 균형 있는 발전과 향상에 있다고 생각합니다. 정부는 그간 축적된 국력을 바탕으로 앞으로도 지속적인 성장을 추구하는 한편, 사회개발정책도 적극적으로 추진해 나갈 계획입니다. 사회복지정책은 경제성장과 더불어 반드시 해야 할 과제입니다. 정부는 특히 저소득층에 속하는 국민들에게 먼저 혜택이 돌아갈 수 있는 분야부터 이 정책을 추진해 나갈 계획입니다.

연초부터 실시하는 저소득층에 대한 의료보험제도도 바로 이러한 시책의 하나가 되겠습니다. 그밖에 일반 국민들에 대한 의료보험제도는 올해 7월부터 단계적으로 추진해 나갈 계획입니다. 의료보험제도는 생활무능력자, 생활보호대상자가 전국에 약 33만 명가량 있다고 합니다마는, 이 33만 명과 또 저소득층에 속하는 약 133만 명에 대해서 우선으로 실시하기로 한 것입니다. 그 밖의 일반 국민들에 대해서는 직장 단위로 직장의료보험조합을, 지역주민들에 대해서는 지역의료보험조합을 만들어서 앞으로 단계적으로 실시할 계획입니다."

박정희 대통령의 이야기에서 우리는 경제와 복지의 싱관관계를 재확인할 수 있다. 경제와 복지는 따로따로 떨어진 전혀 별개의 영역이 아니다. 오히려 경제성장이라는 목표 달성 후 자연스럽게 따라오는 결과로서 복지를 바라보는 것이 옳다. 이는 박정희 대통령이 마련한 의료보험제도의 기틀, 그 결과로 확인할 수 있다. 실제로 1960년 대한민국 국민의 평균 수명은 51세였으나 불과 반세기 만에 80세(여성 기준)로 무려 30년 가까이 수명이 연장되었다.

물론 우리나라 의료보험제도는 완벽하지 않다. 국민 전체를 대상으로 싼 값에 의료 서비스를 제공하는 정부 주도형 방식이라 앞으로 질을 높이는 개혁이 필요하다.

또한 분명한 점은 우리나라의 복지가 성공할 수 있었던 것은 경제성장의 성과물이 쌓였기 때문이다. 기업이 이윤

을 내고 많은 근로자에게 급여를 제공하여 사회적 부가가
치를 창출해낸 것이 그 바탕을 이루었기에 우리 사회가 복
지비용을 감당할 수 있는 것이다. 궁극적으로 보면, 기업의
이윤창출이 최고의 복지인 셈이다.

# 정부는
# 부모가 아니다

## 자선보다 자립심을 키워야 한다

『탈무드』에 실려 있는 이야기다. 어느 마을에 가난한 아이가 부모 없이 혼자 살았다. 아직 어린아이가 할 줄 아는 것은 날마다 거리로 나가 지나는 사람에게 손 벌려 구걸하는 일뿐이었다. 아이는 비가 오나 눈이 오나 거리에서 동냥질하여 하루하루 입에 풀칠하며 살았다. 그러던 어느 날, 한 남자가 아이를 불쌍히 여겨 자신의 집으로 데려갔다. 남자는 아이를 배불리 먹이고 따뜻한 방에서 재웠다. 마치 자신의 아이인 듯 학교까지 보내며 잘 돌봐주었다. 아이는 남자의 도움으로 훌륭한 청년으로 자랐다. 그리고 자신의 가게를 열어 장사하며 큰돈을 모았다.

한편 청년을 도와주었던 남자는 집안이 기울며 매우 어려운 처지에 놓였다. 남자는 고민 끝에 청년을 찾아갔다. 다른 사람은 몰라도 청년만큼은 어려운 자신을 나 몰라라 하지 않으리라 믿었기 때문이다. 하지만 예상과 달리 청년은 매우 냉랭했다. 남자의 간절한 부탁에도 불구하고 매몰차게 뒤돌아선 것이다. 남자는 청년이 괘씸했다.

'내가 저를 먹여 주고 재워 주며 보살폈건만… 어떻게 나한테 이럴 수 있지?'

남자는 입술을 깨물며 집으로 돌아왔다. 그때, 남자에게 한 할머니가 찾아왔다. 할머니는 자신의 형편이 어렵다며 자신이 가진 보석을 아주 싼 가격에 사달라고 부탁하는 게 아닌가. 남자는 어리둥절해 하며 헐값에 보석을 샀다. 그런데 이번에는 어떤 남자가 와서 그 보석을 비싼 가격에 사겠다고 하지 뭔가. 남자는 어안이 벙벙한 상태로 보석을 팔았다. 보석을 싼값에 사서 비싼 값에 팔자 이윤이 제법 컸다. 남자는 무릎을 탁 쳤다.

'그래, 나도 장사를 해서 돈을 벌어야겠다!'

남자는 보석을 사고판 돈을 밑천 삼아 가게를 열었다. 그리고 누구보다 성실히 일해서 큰돈을 벌었고 당당히 가난에서 벗어났다.

얼마나 시간이 흘렀을까. 하루는 남자가 청년의 가게 앞을 지나게 되었다. 남자는 자신에게 매몰차게 등 돌렸던 청년을 떠올리며 인상을 찌푸렸다.

'은혜도 모르는 고약한 녀석….'

바로 그때였다. 남자는 청년의 가게에서 지난날 자신이 사고팔았던 보석을 발견했다. 순간, 남자는 방치로 뒤통수를 세게 후려 맞은 듯했다. 그랬다. 청년은 남자의 부탁을 거절하는 척하고 남몰래 남자를 도왔던 것이다. '물고기가 아니라 물고기 잡는 법을 가르쳐야 한다'는 말처럼 남자에게 당장 먹을거리 살 돈을 주는 대신 장사로 돈을 버는 법을 은밀히 가르쳐준 셈이었다. 그리하여 남자 스스로 가난에서 벗어나 부유하게 살 수 있도록 해준 것이다. 그것이 바로 청년이 남자를 진정으로 돕는 방법이었다.

우리 속담에 '가난은 나라님도 구제 못 한다'는 말이 있다. 이는 가난한 사람을 돕는 일은 밑 빠진

독에 물 붓기 마냥 한도 끝도 없는 일이라 개인뿐만 아니라 나라에서도 감당할 수 없다는 뜻이다.

실제로 국가에서 빈곤 문제를 해결하고자 적극적인 복지정책을 시행했다가 도리어 빈곤 문제가 심화될 뿐만 아니라 사회 구성원의 도덕적 해이를 가져오는 부작용이 생기기도 했다. 대표적으로 1970년대 이후 스웨덴과 독일의 사례가 있다. 당시 스웨덴과 독일에서는 실업급여와 유급 병가제도를 시행한 다음부터 직장을 그만두거나 병가휴가를 악용하는 사례가 많이 발생했다. 스스로 노력하지 않아도 국가가 삶을 돌봐주는 까닭에 자기 책임보다 의존심만 강해진 탓이었다.

앞서 살펴보았던『탈무드』의 예화처럼 진정 행복한 삶의 경영은 자기 책임의 원칙에서 출발한다. 스스로 자신을 책임지기 위해 노력하고, 더욱더 잘살기 위해 끊임없이 궁리할 때에 비로소 개인의 장래가 밝아지고 나라경제에 희망의 빛이 비친다.

# 주 석

**제1장** 세금, 그 논란의 진실

1 "세금의 역사는 혁명의 역사", 《한국경제》 http://www.hankyung.com/
news/app/newsview.php?aid=2012011276541

2 『역사속의 세금 이야기』 원윤희 저, 박영사, 2014 | 『세금이야기』 전태영 저,
생각의 나무, 2005

3 『역사속의 세금 이야기』 원윤희 저, 박영사, 2014

4 『피케티의 21세기 자본 바로 읽기』 안재욱, 현진권 편저, 백년동안, 2014

5 "어설픈 稅金정책은 경제 망친다" 현진권, 《프리덤팩토리》 | "덴마크 비만세
(fat tax)정책의 실패와 교훈" 김상겸, 《KERI 칼럼》 | "덴마크 비만세 폐지와
프랑스 부유세 망명", 《한국경제》 http://www.hankyung.com/news/app/
newsview.php?aid=2012111229141

6 "찾아 낸 돌파구가 고작 '버핏세'인가!" 권혁철, 《한국하이에크소사이어티 자
유경제스쿨 컬럼/에세이》 http://www.freemarketschool.org/board/index.
html?id=freemarket3&no=31

7 "덴마크 비만세 폐지와 프랑스 부유세 망명", 《한국경제》 http://www.han
kyung.com/news/app/newsview.php?aid=2012111229141

8  「역사속의 세금 이야기」 원윤희 저, 박영사, 2014

9  "日 소비세 인상…복지는 결국 稅金이다" 현진권, 《프리덤팩토리》 | "일본 아베노믹스, 소비세 문제로 중대 고비 맞아", 《MK뉴스》 http://news.mk.co.kr/newsRead.php?sc=50200009&year=2013&no=711810

10  "지하경제 양성화의 덫" 최승노, 《영남일보》, 2013

11  「세금경제학」 최광 저, 자유기업원, 2007

12  "日 소비세 인상…복지는 결국 稅金이다" 현진권, 《문화일보》, 2012

13  「감세의 경제적 효과와 재정 운용」 김승래, 류덕현, 한국조세재정연구원, 2010

 **제2장**  복지, 그 기준이 무엇인가

14  "복지 확대, 재정 문제가 아니라 원칙의 문제" 민경국, 《한국하이에크소사이어티 자유경제스쿨 칼럼/에세이》 http://www.freemarketschool.org/board/index.html?id=freemarket3&no=37

15  「If Sweden's Big Welfare State Is Superior to America's Medium Welfare State, then Why Do Swedes in America Earn Far More than Swedes in Sweden?」 Daniel Mitchell, CATO, 2012

16  "복지 확대, 재정 문제가 아니라 원칙의 문제" 민경국, 《한국하이에크소사이어티 자유경제스쿨 칼럼/에세이》 http://www.freemarketschool.org/board/index.html?id=freemarket3&no=37

17  "복지는 권리가 아니다" 현진권, 《한국하이에크소사이어티 자유경제스쿨 칼럼/에세이》 http://www.freemarketschool.org/board/index.html?id=freemarket3&no=40

18  "복지는 권리가 아니다" 현진권, 《한국하이에크소사이어티 자유경제스쿨 칼럼/에세이》 http://www.freemarketschool.org/board/index.html?id=freemarket3&no=40

19  「복지국가의 미래」 전용덕 저, 북코리아, 2013

20  "유럽의 '복지 천국'은 빚으로 쌓은 모래성?", 《한국경제 생글생글》 http://sgsg.hankyung.com/apps.frm/news.view?nkey=7668&c1=01&c2=01

21  "지속가능한 도덕적 복지를 위하여" 권혁철, 《한국하이에크소사이어티

자유경제스쿨 칼럼/에세이》 http://www.freemarketschool.org/board/
index.html?id=freemarket3&no=6

 **과도한 복지에 빠진 나라들**

22 "포퓰리즘에 무너진 나라들… 부도위기에도 "더 달라!"",《한국경제 생글
생글》 http://sgsg.hankyung.com/apps.frm/news.view?nkey=13708&-
c1=01&c2=01

23 "복지강국이 앓고 있다 〈9〉 포퓰리즘에 무너진 아르헨디나",《동아일보》

24 『포퓰리즘의 덫 : 세상에 공짜는 없다』 조동근, 최승노, 권혁철 외 저, 나남,
2011, p184~p208

25 "스웨덴도 '보편적 기초연금' 못견뎌,《한국경제》 http://www.hankyung.
com/news/app/newsview.php?aid=2013092315771

26 "민주주의와 지속가능한 복지",《자유경제원 블로그(최승노의 자유세상)》
http://csno.cfe.org/archive/201301

27 『스토리 시장경제』 한국경제교육연구회 저, 북오션, 2012, p225~p228

28 "민영화·규제완화가 경제 '의지' 살렸다",《한국경제매거진》
http://magazine.hankyung.com/main.php?module=news&mode=sub_
view&mkey=-1&vol_no=685&art_no=34&sec_cd=1006

29 "인문학으로 배우는 비즈니스 영어 'budget'",《조선비즈》 http://biz.
chosun.com/site/data/html_dir/2013/10/25/2013102501675.html

30 "복지 논쟁과 국가 장래" 최광,《한국하이에크소사이어티 자유경제스쿨
칼럼/에세이》 http://www.freemarketschool.org/board/index.html?id-
=freemarket3&no=41

31 『포퓰리즘의 덫 : 세상에 공짜는 없다』 조동근, 최승노, 권혁철 외 저, 나남,
2011, p172~p176

32 『자발적 복지와 복지국가의 함정』 전용덕 저, 자유기업원, 2011

33 『복지정책에 대한 근원적 고찰』 최광 저, 한국경제연구원, 2013

**봉사와 기부, 자발적 복지의 길**

34 "[세기의 라이벌] 철강왕 vs 석유왕…끝나지 않은 경영천재들의 기부경
   쟁", 《한국경제 생글생글》 http://www.pressian.com/news/article.html-
   ?no=33527

35 "경쟁, 부자 그리고 기부" 이종욱, 《KERI 칼럼》, 2010

36 "기부문화 창달을 위해서도 기업하기 좋은 환경을 조성해야" 박동운,
   《KERI 칼럼》, 2010

 **자립이 기본이다**

37 『메디치 스토리』 크리스토퍼 하버트 저, 한은경 역, 생각의나무, 2001

38 『포퓰리즘의 덫 : 세상에 공짜는 없다』 조동근, 최승노, 권혁철 외 저, 나남,
   2011, p68~p84

39 "노숙자 자립 돕는 잡지 '빅이슈' 창간한 존 버드", 《조인스닷컴》 http://
   sunday.joins.com/article/view.asp?aid=33342&cat_code=06&start_year-
   =2014&start_month=01&end_year=2014&end_month=04&press_no-
   =&page=7

40 "자수성가는 결국 개인의 몫이다" 공병호, 《KERI 칼럼》, 2010

41 "최병오 패션그룹형지 회장…두 번 실패 후 1평 옷가게서 재기", 《MK뉴스》
   http://news.mk.co.kr/newsRead.php?year=2014&no=1060875

42 『스토리 시장경제』 한국경제교육연구회 저, 북오션, 2012, p195

43 "복지국가 기틀 박정희가 다졌다", 《데일리안》 http://www.dailian.co.kr/
   news/view/241882

복지의
재발견